中学校英語

「知識&技能」の教え方ガイド&ワーク

JN032687

瀧沢広人 著

3年

明治図書

はじめに

　外国語学習の目標は，コミュニケーション能力を育成することである。母語の異なる者同士が，意思疎通を図るために外国語を用い，互いの考えや気持ちを伝え合う。そのための外国語学習である。

　よく，「通じればよい」と言う人がいる。単語を並べ，ジェスチャーや表情で伝えれば，お互い人間なので，相手の思いを理解することはできる。それも立派なコミュニケーション能力である。

　しかし，「通じればよい」というのは結果論であって，コミュニケーション能力にも段階があると考える。「通じればよい」という段階から，「日常的な話題について，簡単な言葉で伝える」「様々な話題について流暢かつ正確に話せる」「専門的な話題について母語話者と対等に議論ができる」などの段階があるはずである。最初は，「通じればよい」段階でもよいが，学習が進むにつれ，正確な言語使用，適切な言語使用を目標にし，より高度なコミュニケーション能力を目指す。むしろ「通じればよい」というのは，小学校3年生，4年生での話と考える。

　小学校第3学年及び第4学年の外国語活動の目標は，「コミュニケーションを図る素地」である。その段階は，とにかく，単語や語句，表現を用いて，自分の思いを伝えようとする態度を育てることが大事だ。しかし，小学校第5学年及び第6学年の外国語になると，「コミュニケーションを図る基礎」となり，言語材料の習得を図りながら，言語使用を行わせる。学習指導要領にも，「(2)に示す事項については，(1)に示す事項を活用して，例えば，次のような言語活動を通して指導する」とあり，「思考力，判断力，表現力等」は，「知識及び技能」を活用して言語活動を行うのである。決して，単語を並べ，ジェスチャーや表情で伝え合うレベルのことを言っているのではない。

　ちなみに，ヨーロッパ言語共通参照枠（CEFR）では，コミュニケーション能力の段階を6つに分けている（p.3参照）。

ヨーロッパ言語共通参照枠（CEFR）		
熟達した言語使用者	C2	聞いたり，読んだりしたほぼ全てのものを容易に理解することができる。いろいろな話し言葉や書き言葉から得た情報をまとめ，根拠も論点も一貫した方法で再構成できる。自然に，流暢かつ正確に自己表現ができ，非常に複雑な状況でも細かい意味の違い，区別を表現できる。
	C1	いろいろな種類の高度な内容のかなり長いテクストを理解することができ，含意を把握できる。言葉を探しているという印象を与えずに，流暢に，また自然に自己表現ができる。社会的，学問的，職業上の目的に応じた，柔軟な，しかも効果的な言葉遣いができる。複雑な話題について明確で，しっかりとした構成の，詳細なテクストを作ることができる。その際テクストを構成する字句や接続表現，結束表現の用法をマスターしていることがうかがえる。
自立した言語使用者	B2	自分の専門分野の技術的な議論も含めて，抽象的かつ具体的な話題の複雑なテクストの主要な内容を理解できる。お互いに緊張しないで母語話者とやり取りができるくらい流暢かつ自然である。かなり広汎な範囲の話題について，明確で詳細なテクストを作ることができ，さまざまな選択肢について長所や短所を示しながら自己の視点を説明できる。
	B1	仕事，学校，娯楽で普段出会うような身近な話題について，標準的な話し方であれば主要点を理解できる。その言葉が話されている地域を旅行しているときに起こりそうな，たいていの事態に対処することができる。身近で個人的にも関心のある話題について，単純な方法で結びつけられた，脈絡のあるテクストを作ることができる。経験，出来事，夢，希望，野心を説明し，意見や計画の理由，説明を短く述べることができる。
基礎段階の言語使用者	A2	ごく基本的な個人的情報や家族情報，買い物，近所，仕事など，直接的関係がある領域に関する，よく使われる文や表現が理解できる。簡単で日常的な範囲なら，身近で日常の事柄についての情報交換に応ずることができる。自分の背景や身の回りの状況や，直接的な必要性のある領域の事柄を簡単な言葉で説明できる。
	A1	具体的な欲求を満足させるための，よく使われる日常的表現と基本的な言い回しは理解し，用いることもできる。自分や他人を紹介することができ，どこに住んでいるか，誰と知り合いか，持ち物などの個人的情報について，質問をしたり，答えたりできる。もし，相手がゆっくり，はっきりと話して，助け船を出してくれるなら簡単なやり取りをすることができる。

＜参考＞
　吉島茂／大橋理枝他訳・編（2014）『外国語教育Ⅱ 追補版 外国語の学習，教授，評価のためのヨーロッパ共通参照枠』朝日出版社

　さて，よりよいコミュニケーション能力に育てるためには，どうしても「知識及び技能」が必要である。水泳であれば，泳ぎ方を教えずに，水の中にいきなり入れても上手に泳げない。バレーボールであれば，レシーブの仕方を教えずに，試合をさせてもうまくレシーブできない。必ず最初に，最低限必要な「知識及び技能」があるのである。

　そう考えると，現在の英語教育でも，改めて「知識及び技能」の指導は大切だと考える。「言語活動を通して」という言葉から，言語活動を重視する傾向があるが，「知識及び技能」と「思考力，判断力，表現力等」を行ったり来たりさせながら，身に付けるべきことはしっかり身に付けさせることが，やはり大事なのではないだろうかと思うのである。

　中学校英語の「知識及び技能」は，①音声，②符号，③語，連語及び慣用表現，④文，文構造及び文法事項，の４項目である。これらの「知識及び技能」の指導事項を押さえ，身に付けさせ，確かなコミュニケーション能力を育てていく。

　また，「知識及び技能」には，学年別の指導事項はない。３年間を通して指導することとなっている。しかし，生徒の学習状況をイメージした際，「各学年でここまでは指導したい」「ここは押さえたい」「ここは指導できる」ということが推測され，本シリーズで，３つの学年で分けてみた。

　もちろん，学年を跨ぐ指導事項も当然ある。「２年生に入っているが，ぜひ１年生でこれを身に付けさせたい」という内容もあるだろう。どうか３巻を眺めていただき，「知識及び技能」の指導の系統性を，先生方の中で，つくり上げてもらえれば幸いである。

　なお，Chapter２以降の「評価基準」の「十分に」とは８割以上，「概ね」とは約６割〜８割の習得状況を指す。

2024年２月

　　　　　　　　　　　　　　　　　　　　　　　　　　　　瀧沢広人

目次

はじめに　002

Chapter 1

中学3年
「知識＆技能」の教え方ガイド

1　全国学力・学習状況調査では、「知識・技能」をどう測っているの？ … 010

2　指導事項を効果的に理解させるには、どうしたらいいの？ ………… 012

3　「話す活動」で終わっていいの？ ………………………………… 013

4　説明したら、生徒は理解しているの？ ………………………… 014

5　既習の「知識及び技能」に課題が感じられたら、どうしたらいいの？ … 015

6　コミュニケーションの中で、「知識及び技能」の定着を目指すには？ … 016

7　英語の発想法をどう教える？ …………………………………… 017

8　文脈を伴わせる意味は？ ………………………………………… 018

Chapter 2

「音声」の
教え方ガイド＆ワーク

1　発音表記を参考に、音素を区別して発音する ……………………… 020

2　単語の正しい発音を理解し、正確に発音する …………………… 022

3　フラッピングを用いた英文を聞いて、音声がわかる ……………… 024

4 適切な場所で，自分で区切って音読する ……………………………… 026

5 世界には様々な英語があることを知っている① ……………………… 028

6 世界には様々な英語があることを知っている② ……………………… 030

7 メモをとって，情報を正しく取り出す ………………………………… 032

8 スピーチやプレゼンで，意味のまとまりで区切る …………………… 034

Chapter 3
「語彙」の 教え方ガイド＆ワーク

1 音素の正確な理解を確認する ……………………………………………… 038

2 接頭辞を理解し，単語の意味を推測する ……………………………… 040

3 接尾辞を理解し，単語の意味を推測する ……………………………… 042

4 表現できないことを，他の言い方で，言い替える …………………… 044

5 反意語で，語彙のネットワークを広げる ……………………………… 046

6 同意語で，語彙のネットワークを広げる ……………………………… 048

7 数えられない名詞を数える ………………………………………………… 050

8 実際のコミュニケーションにおいて，語彙を活用できる力 ………… 052

ワークシートの解答　054

Chapter 4
「文法」の 教え方ガイド＆ワーク

1 現在完了①完了　肯定文··056

2 現在完了②完了　疑問文・否定文···060

3 現在完了③経験　肯定文・疑問文・否定文··································064

4 現在完了④継続　肯定文··068

5 現在完了⑤継続　疑問文・否定文···072

6 現在完了進行形　肯定文・疑問文・否定文································076

7 tell/show ＋人＋ that …「人に…を教える」·····························080

8 間接疑問文　I'll show you how we do.···································084

9 現在分詞の前置・後置修飾···088

10 過去分詞の前置・後置修飾··092

11 関係代名詞①主格 that··096

12 関係代名詞②主格 who/which··100

13 関係代名詞③目的格 that···104

14 関係代名詞④目的格 who(m)/which····································108

15 原形不定詞　make/help/let ＋人など＋動詞の原形···············112

16 仮定法① if …··116

17 仮定法② I wish I …···120

ワークシートの解答　124

付録

「単語の活用形」
ワーク

1 名詞の複数形（数えられる名詞）··130

2 名詞の複数形（数えられない名詞）·······································132

3 ３人称単数現在形··134

4 現在進行形……………………………………………………………135

5 過去形（規則動詞）……………………………………………………136

6 比較級・最上級……………………………………………………138

7 不規則動詞の変化表……………………………………………140

付録ワークシートの解答　143

Chapter 1

中学３年
「知識＆技能」の
教え方ガイド

1 | 全国学力・学習状況調査では，「知識・技能」をどう測っているの？

令和5年4月。全国学力・学習状況調査で，次の問題が出題された。

---

(1) 次の①，②について，例を参考にしながら，必要があれば（　）内
の語を適切な形に変えたり，不足している語を補ったりして，それぞ
れ会話が成り立つように英文を完成させなさい。
　①　＜先生と生徒の会話＞
　　A：Do you have any plans for summer vacation?
　　B：Yes. I（　　visit　　）my uncle in London.
　　　　I can't wait!
　　A：Wow, that's nice!

・令和5年度　全国学力・学習状況調査　中学校 英語　大問9

　答えは，am going to visit である。しかし，be going to 以外の解答（will
visit）や，大文字・小文字の書き分け等に誤りがあるもの（Am going to
visit 等），も準正答となる。

　ポイントは2つある。

　1つは，「『知識・技能』は，文脈の中で評価する」ということである。こ
れは，「知識及び技能」が，実際のコミュニケーションにおいて活用できる
技能となっているかどうかを重視するためである。

　もう1つは，「確認したい『知識・技能』のみ評価する」ということであ
る。ここでは，未来表現を正確に表すことができているかを見る。よって，
is going to visit（be 動詞の選択に誤りがある）や，will visiting は，誤りと
される。

「知識・技能」の聞くことの問題では，次が出題された。

［スクリプト］Look at this picture.　There are three cats.　You can see a cat under the desk.　And the other cats are on the bed. They are sleeping.

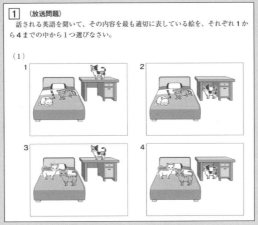

・令和 5 年度　全国学力・学習状況調査　中学校 英語　大問 1（1）
※該当問題のスクリプトを含む。

　これは，「情報を正確に聞き取ることができるかどうかをみる問題」として，語彙や表現の正確な理解の能力を測っている。前置詞（語彙）の正確な聞き取り（音声）と，They are sleeping.（文法）の「知識・技能」を問うている。

　よって，私たちも「知識・技能」を測る作問をする場合，文脈の中で「知識・技能」が活用できるかどうか，また，調べたい「知識・技能」のみを採点対象にする配慮が大切である。

(POINT)

　全国学力・学習状況調査問題から，「知識・技能」の評価ポイントを学ぼう！

2 | 指導事項を効果的に理解させるには，どうしたらいいの？

　あることを教えるとき，そのものだけを見せて指導するのか，それとも，他も提示して比較させて指導するのかでは，後者の方が，その違いや新しいことを理解させやすい。

　例えば，仮定法では，２年生で学習した直接法と比較してみる。そして，直接法と仮定法の２つを見比べて，異なっている部分を生徒に気付かせる。その後，どんなときに動詞を過去形にするのかを「考え」させる。

　　If I **have** free time, I read book.

　　　（暇な時間があれば，私は本を読みます）

　　If I **had** a lot of money, I **would join** the tour.

　　　（もしたくさんお金を持っていたら，私はツアーに参加したい）

　このように，新出文法の**意味や概念を理解させよう**と思うときには，その新しい文法の意味や概念を引き立たせる対照的なものを用意する。そして，違いを生徒に気付かせ，新しい文法事項の理解に持っていくとよい。

　未来形でも，場面・状況から，表現の使い分けを理解させたい。

　　I'm happy.　I am going to visit Hokkaido this summer.

　　I'm not sure, but I will go to Hokkaido this summer.

　　No eggs.　Mom, I'll go and buy them.

POINT

　新しいことを指導する際は，対照となるものも提示すると意味や概念が理解されやすい。

3 │「話す活動」で終わっていいの？

　最近，各所で授業を参観すると，以前と比べ，書かせることが減ったように感じる。ある所では，1回も生徒が英語を書く機会がなかった。その代わり，何をしていたかというと，「話すこと」ばかりしていた。「書くこと」が一切なかったのである。

　かつては，授業の最後は，書かせて終えていた。書くことにより，学習内容の理解と定着を図るねらいがあった。書くことで，文法や語彙使用の正確さが確認できる。誤りに気付けば，生徒もより正確な英語へと近づく。

　話すことの充実は，よい傾向ではあるが，「話したら書く」「伝え合ったら書く」ということを習慣にすると，「知識及び技能」の定着につながる。

　リテリングという活動がある。これは，本文の内容を自分の言葉で説明したり，話して聞かせたりする活動である。通常，私たちが話す英語は，私たちの身近な語彙しか用いない。しかしリテリングをさせると，普段，私たちが使わない語彙や表現を使用することとなる。そこにリテリングのよさがある。そのリテリングでも，「話しておしまい」ではなく，「話したら書かせる」とよい。そうすることで，生徒は自分の書いた英語が正しいかどうか，教科書と見比べることができる。

　ぜひ，書かせることを大切にしたい。

POINT

話したら書く。伝え合ったら書く。それを習慣にする。

4 | 説明したら，生徒は理解しているの？

　生徒が理解しているかどうかは，実際に生徒にやらせてみて確認すればよい。「知識及び技能」の定着には，まず，「理解しているかどうか」の段階がある。理解していないものは，習得されない。

　例えば，文法を導入する。まず，新出文法の「形式」や「意味」に気付かせる。その後，練習活動や言語活動を行い，「使い方」を理解させ，言語材料に慣れさせる。言語材料に慣れ，正確に言えているかどうかは，個人指名をするなどして確認・評価すればよい。そして，文法事項を板書で整理してまとめる。では次に，何をするか。本当に理解しているかどうかを確認するのである。

　現在完了（経験）の肯定文であれば，次のような問題を試しに3題出してみる。その際，使う語数だけ，下線を引いてヒントを与えてもよい。英語の苦手な生徒にも，やってみようと思わせる。

　T：日本語で言いますので，英語で書いてみましょう。

　　①私は大阪に1回行ったことがある。　＿＿ ＿＿ ＿＿ ＿ ＿＿ ＿＿.

　　②私はパンダを2回見たことがある。　＿＿ ＿＿ ＿＿ ＿ ＿＿ ＿＿.

　　③ミクは以前東京に住んだことがある。＿＿ ＿＿ ＿＿ ＿ ＿＿ ＿＿.

　このように「have＋過去分詞」が理解できているか，回数を表す語がわかっているか，主語が3人称単数のとき，has が使えているかの3点を確認するために，理解度調査を行う。生徒が本当に理解しているかどうかは，やらせてみて確認する。

(POINT)

　理解しているかどうかは，やらせてみて確認する。

5 既習の「知識及び技能」に課題が感じられたら，どうしたらいいの？

　技能の習得には，ある一定の時間・期間が必要である。そのための時間が「帯活動」である。例えば，「単語の力が課題だな」と思ったら，毎日10問ずつミニテストを行う。3年生であれば，既習単語を品詞別にミニテストを行ったり，同じカテゴリ（例：動物編，色編，月名編等）でテストをしたりしながら，単語の「知識及び技能」の定着を図る。

　テスト用紙は次のように作成し，下に，次回の単語を載せておけばよい。これで，生徒は次回に向けて勉強してくる。

英単語ミニテスト 1 　　　　　　　　Name（　　　　　　　　）

〇次の日本語を英語にしましょう。

①父 ＿＿＿＿＿＿＿＿＿　　⑥祖母 ＿＿＿＿＿＿＿＿＿

②母 ＿＿＿＿＿＿＿＿＿　　⑦息子 ＿＿＿＿＿＿＿＿＿

③兄・弟 ＿＿＿＿＿＿＿＿　　⑧娘 ＿＿＿＿＿＿＿＿＿

④姉・妹 ＿＿＿＿＿＿＿＿　　⑨叔父（おじ）＿＿＿＿＿＿

⑤祖父 ＿＿＿＿＿＿＿＿＿　　⑩叔母（おば）＿＿＿＿＿＿

次回

①赤（red）　　②黄色（yellow）　　③青（blue）　　④緑（green）

⑤白（white）　　⑥黒（black）　　⑦灰色（gray/grey）

⑧茶色（brown）　　⑨ピンク（pink）　　⑩紫（purple/violet）

POINT

帯活動である一定期間，継続指導する。

6 | コミュニケーションの中で, 「知識及び技能」の定着を目指すには？

　本来，コミュニケーションの場では必要はないが，生徒がやり取りをする際，相手の質問に答えるとき，「主語＋動詞」で答えることを習慣としたい。そのことで，文や文構造，文法の「知識及び技能」を確認することができるからである。

　例えば，

　　T：How many times has your brother been to USJ?

　　S 1：Many.

　これでもコミュニケーションとしては十分 O.K である。しかし，次のように，

　　T：How many times has your brother been to USJ?

　　S 1：He has been there many times.

　と，「主語＋動詞」で始め，言わせることを習慣にすることでは，自ずとその後の「知識及び技能」の定着に差が出てくるだろう。

　「主語＋動詞」で始め，言わせることで，文法事項の理解が確認でき，正確性を伴う定着へとつながる。

　これを，1年生のときから，できるだけ，「主語＋動詞」で始めて応答するよう習慣付ける。

　生徒が「主語＋動詞」で始めていないときには，Full sentence, please. と言って，言わせればよい。

POINT

「主語＋動詞」で応答するよう習慣付ける。

7 英語の発想法をどう教える？

　「知識及び技能」の理解・定着には，日本語の発想を超えた，英語の「概念」を理解させることが大事である。

　例えば，日本語にはない「現在完了」の概念は，「過去から現在まで」である。つまり，過去にはやっていたが，今はやっていないことは，過去形を用い，今もやっている場合は，現在完了を用いる。

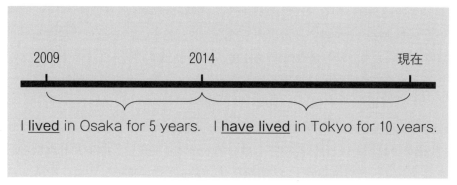

| 2009 | 2014 | 現在 |

I lived in Osaka for 5 years.　I have lived in Tokyo for 10 years.

　これを，繰り返し扱い，確認していく。そして，少しずつ，日本語の発想と英語の発想は異なること，言語のもつ「概念」が理解されていくようにする。

　「概念」は，言葉で説明するのではなく，図や絵を用い，イメージを持たせる。前置詞の「概念」などは，図で示すと理解されやすい。「車の鍵」は，英語で，the key to the car と言う。「車の」だから，of が思い浮かぶが，「鍵が車に向かう」というイメージなのである。

POINT

英語の「概念」を理解させる。

8 文脈を伴わせる意味は？

「知識及び技能」の習得には，大きく３段階ある。

①理解する段階
②活用する段階
③理解を深め，定着を求める段階

　たいていは，２つ目の「活用する段階」で，話すことを通じ，友達とやり取りを行ったり，相手意識を持ち，書く活動などのアウトプットを行ったりする。そこには必然的に場面や状況が存在し，文脈のある言語活動が行われる。

　課題は３つ目の「理解を深め，定着を求める段階」である。あくまでも「知識及び技能」は，「実際のコミュニケーションにおいて活用できる技能」となるように指導するので，「知識及び技能」が身に付いたかどうかは，コミュニケーションの中で，場面や状況，文脈に応じて，使用できなくてはいけない。文脈の中で，どの程度，正確に使用できているかを問うのである。

　さらに，文脈を持たせ，生徒に「考えさせる」ことが大事で，「考えて話す」や「考えて書く」「考えて読む」「考えて聞く」という生徒の主体性が大事であると考える。

　もちろん，そこに到達するまでには，基礎的な「知識及び技能」の習得が必須であり，必要に応じ，段階的に課題を設定することも出てくるかと思う。

（POINT）

これからの英語指導では，「考えて」活動することが大事になる。

Chapter 2

「音声」の教え方ガイド＆ワーク

1 発音表記を参考に，音素を区別して発音する

身に付けさせたい「知識＆技能」のポイント

　発音表記については，学習指導要領解説に「音声指導の補助として利用する」「生徒の過度の負担にならないよう配慮する」とある。当然のことながら，発音表記を教えることは目的ではなく，音声指導への補助的な役割である。生徒には，発音を教えると同時に，発音することのできる手段として発音表記を教える。

指導の流れと評価例（1分）

ねらい	○教師の指導／支援　●生徒の活動	留意点
発音表記を参考に，音素を区別して発音することができる。 （1分）	○教科書の音読を通じ，発音を確認する。 T：2行目。「案山子」という単語がありますね。ここの ow はどんな発音？ 板書 　　scarecr<u>ow</u> T：そんなときには，発音表記を見てみるといいです。 Ss：（新出語の発音表記を見る） T：どうなっていますか？　　Ss：「オウ」 T：そうですね。言ってみましょう。	・発音表記も取り上げていくことで，英語の発音に注意を向けることができる。 ・発音については，イギリス英語とアメリカ英語では異なることがあるので，教科書の発音表記を基準としたい。

〔評価例〕・授業内で，発音表記を記し，読ませて確認する。

評価

評価規準	基本的な発音表記を理解し，音素を区別して発音している。		
評価基準	十分満足できる（a）	概ね満足できる（b）	努力を要する（c）
	発音表記を**十分**に理解し，発音している。	発音表記を**概ね**理解し，発音している。	発音表記が読めない。

ワークシート 1

「発音表記」を参考に，単語の発音を確認しよう

Class（　　）Number（　　）Name（　　　　　　　　　　）

英語には，日本語にない音があります。その音の違いを理解するのに，「発音表記」は便利です。
主な「発音表記」が読めるようになると，英語の発音もよくなります。

主な特徴的な発音表記

発音表記	発音の仕方	単語
[θ]	歯と歯の間に舌を入れて「ス」	three think mouth [θ] [θ] [θ]
[ð]	歯と歯の間に舌を入れて「ズ」	this there together [ð] [ð] [ð]
[ʃ]	唇を丸めて「シュ」	she shrine fish [ʃ] [ʃ] [ʃ]
[tʃ]	唇を丸めて「チ」	cheap child peach [tʃ] [tʃ] [tʃ]
[ɑ]	（アメリカ英語で）口を縦に大きく開き，「ア」	hot stop rocket [ɑ] [ɑ] [ɑ]
[æ]	口を横に開き，顎を引きながら，「エア」	apple fast sad [æ] [æ] [æ]
[ʌ]	「アッ！　クモだ」の「アッ！」	onion country other [ʌ] [ʌ] [ʌ]
[ə]	口をあまり開かず「ア」	about police potato [ə] [ə] [ə]
[ɔ]	口を開き「オ」	off point coin [ɔ] [ɔ] [ɔ]

2 単語の正しい発音を理解し，正確に発音する

身に付けさせたい「知識＆技能」のポイント

　何気なく発音していると，どうしても日本語の発音になってしまう。生徒が誤りやすい発音は，発音表記を用いる等，発音を明示的に意識させたい。特に，Really? や enjoy, says や said 等，綴りにとらわれないよう注意したり，study の ing 形の studying などの発音に留意させたりする。

指導の流れと評価例（5分）

ねらい	○教師の指導／支援　●生徒の活動	留意点
単語の正しい発音を理解し，正確に発音することができる。	○単語の発音に目を向けさせる。 T：9行目に，「本当？」って言っているけど，英語でなんて言う？　　Ss：リアリー T：本当にそうかな？　どうしたらいい？ Ss：発音表記で調べる。（生徒は調べる） T：どうだった？　　　Ss：リーリー T：そうだね［ríːli］ってなっているよね。 　日本人が間違えやすいから気をつけて，発音するようにしましょう。	・really については，3音節の［ríːəli］のように，あいまいな「ア」の音が入る場合もある。
（5分）	○間違えやすい発音を確認する。 T：ワークシートで見てみましょう。	

〔評価例〕・1人ずつ教師のところに来させ，正しく言えるか確認する。
　　　　　・音読のパフォーマンステストで，発音を確認する。

評価

評価規準	正確に発音する技能を身に付けている。		
評価基準	十分満足できる（a）	概ね満足できる（b）	努力を要する（c）
	十分正確に発音している。	**概ね**正確に発音している。	正確に発音していない。

ワークシート 2

こんな発音に気をつけよう

Class (　　) Number (　　) Name (　　　　　　　　)

> みんなは，何気なく英語の発音をしていませんか？
> Let's enjoy 〜. など，「エンジョイ」って，言っていま
> せんか？　本当の発音は，どうなっているでしょうか。
> 気になったら，発音表記で確かめるといいですね。

気をつけたい英語の発音

① enjoy [indʒɔ́i] =「インジョイ」と，語頭は「イ」になります。

　Let's enjoy the summer vacation.

② really [ríːli] または，[ríːəli]

　Tom : I have two tickets for a movie, the Spider Man.

　　　　Can you go?

　Maki : Really? I want to see it.

③ say の変化形は，ay の発音に注意

　What did you say?　　I said I was busy.

　　　　　　　[ei]　　　　　[e]

　What does he say?　　He says he likes tomatoes.

　　　　　　　[ei]　　　　　[e]

④ studying [stʌ́diiŋ] =スタディ+イングで，スタディイング

　Mother : What are you doing?

　　Ken : I'm studying.

3 | フラッピングを用いた英文を聞いて，音声がわかる

身に付けさせたい「知識＆技能」のポイント

アメリカ英語の特徴に，フラッピングがある。t が母音に挟まれているときや，t が r と母音の間にあるときには，ラ行の音になる。Shut up.（シャラップ）はその代表である。フラッピングを用いると，滑らかに発音することができる。

指導の流れと評価例（4分）

ねらい	○教師の指導／支援　●生徒の活動	留意点
フラッピングを用いた英文を聞いて，音声が理解できる。	○新出語の導入で，文字の音を理解させる。 ○教科書の音読を通じ，フラッピングについて，確認する。 T：8行目のトムのセリフに，Would you like some water?ってありますね。ここの water が，どんな風に聞こえるか音声を聞いてみましょう。（音声を流す） T：どんな音でしたか？　Ss：ワラー T：本当は，ウオーターですが，アメリカ英語では，ワラーと発音することが多いですね。	・フラッピングは，あくまでもアメリカ英語の特徴であるので，発音を強制するのではなく，アメリカではこんな風に発音するということを伝える程度でよい。
（4分）	●ワークシートで発音練習をする。	

〔評価例〕・フラッピングが用いられている英文を聞いて，理解しているか確認する。

評価

評価規準	フラッピングを用いた英文を聞いて，意味を理解している。		
評価基準	十分満足できる（a）	概ね満足できる（b）	努力を要する（c）
	フラッピングを用いた英文を聞いて意味が**十分**理解できる。	フラッピングを用いた英文を聞いて意味が**概ね**理解できる。	意味が理解できていない。

ワークシート 3

アメリカ英語の特徴「フラッピング」について知ろう

Class （　　） Number （　　） Name （　　　　　　　　　）

アメリカでは，water を「ワラー」という風に発音します。t が母音に挟まれたり，r と母音の間に t があると，ラ行に変わるのです。

| t が母音に挟まれる | 「母音＋ t ＋母音」＝ラ行

① Would you like some wa_ter?　　No, thanks. Bu_t I want milk.
　　　　　　　　　　　ラ　　　　　　　　　　　ラ

② Can I use your compu_ter?　　Wai_t a minute.
　　　　　　　　　　　ラ　　　　　ラ

③ Look. I live in a nice ci_ty.　　Shu_t up. My ci_ty is much be_tter.
　　　　　　　　　　　　リ　　　　　ラ　　　　リ　　　　　　　ラ

④ Wha_t is it?　　I bough_t it in Sea_ttle.
　　　リ　　　　　　　　　リ　　　ロ

⑤ Wha_t are you doing?　　I'm eating le_ttuce.
　　　ラ　　　　　　　　　　　　　　ラ

⑥ What time did you ge_t up?　　I go_t up at nine.
　　　　　　　　　　　　ラ　　　　　　ラ

⑦ Are you busy?　　No_t a_t all. I'm fine.
　　　　　　　　　　　ラ ロ

| t が r と母音に挟まれる | 「r ＋ t ＋母音」＝ラ行

① Let's have a par_ty.
　　　　　　　　　　リ

② How much is it?　　Thir_ty dollars.
　　　　　　　　　　　　　リ

4 | 適切な場所で，自分で区切って音読する

身に付けさせたい「知識＆技能」のポイント

　1年生では，主に教師の指示で，英文を区切って読むことを行い，2年生，3年生と学年が進むにつれ，徐々に生徒自身が意味のまとまりごとに自分で区切れるようにさせたい。区切りの目安は，①前置詞の前，②長い主語の後ろ，③接続詞の前，④コンマの後ろ，⑤副詞句の前，等がある。

指導の流れと評価例（5分）

ねらい	○教師の指導／支援　●生徒の活動	留意点
適切な場所で区切って音読することができる。 （5分）	○区切りの位置を考えさせる。 T：ここで区切ったらいいなあと思う所に斜めの線を引いていきましょう。必要があれば隣の人に聞いてもいいです。時間は2分間。どうぞ。 Ss：（区切る位置を，斜めの線で引く） ・教師は机間指導し，生徒がどのような場所で区切るか観察する。 ●音読練習をする。 T：線を引いたところ以外では区切らないように，音読練習しましょう。	・「区切れる」ということは，意味のまとまりを意識できていることになる。 ・隣の生徒とどこに線を引いたか見比べさせてもよい。
〔評価例〕・机間指導時に，適切な区切りができているか確認する。 　　　　　・音読のパフォーマンステストで，適切な区切りを確認する。	

評価

評価規準	適切な場所で区切って音読している。		
評価基準	十分満足できる（a）	概ね満足できる（b）	努力を要する（c）
	十分に適切な場所で区切ることができる。	**概ね**適切な場所で区切ることができる。	意味のまとまりで区切れていない。

ワークシート 4
長い英文は，意味のまとまりごとに区切って読もう
Class（　　）Number（　　）Name（　　　　　　　）

私たちは，英語を聞いたりするときに，意味のまとまりで
内容を理解していきます。同時に，私たちが話したり，読
んだりするときも，意味のまとまりごとに区切って言った
り，読んだりすることで，相手に理解されやすくなります。

○次の文章では，あなたなら，どんなところで区切って読みますか。区切る場
　所に，斜めの線（／）を引いていきましょう。

Once upon a time, there lived an old man and an old woman in the
countryside of Japan. The old man goes to a mountain to gather wood,
and the old woman goes to a river to wash clothes. One day, she saw a
big peach when she was washing. The peach was coming down slowly.
The woman said, "Come. Come." She picked it up and brought it to her
home. They wanted to eat it, so the old man was going to cut it with a
kitchen knife. Then, they were surprised because a baby was coming out
of it.

○あなたが区切りを入れた場所で，区切って読む練習をしましょう。

○友達に読み聞かせをしましょう。

5 | 世界には様々な英語があることを知っている①

身に付けさせたい「知識＆技能」のポイント

　学習指導要領には，「現代の標準的な発音」と明記し，多様な人々とのコミュニケーションが可能となる発音を身に付けることをねらいとしている。主に中心となるのは，アメリカ英語とイギリス英語であろう。しかし，両者の間にも，発音の仕方が異なることがある。知識として知らせておきたい。

指導の流れと評価例（4分）

ねらい	○教師の指導／支援　●生徒の活動	留意点
アメリカ英語とイギリス英語では発音に違いがあることに気付く。	○教科書に出てくる often という単語の発音について補足する。 T：7行目に，He often cooks for his family. というのがありますね。発音は，「オーフン」と言っていましたが，イギリスではこれを，「オフトゥン」と言います。アメリカでも，しばしば「オフトゥン」という人がいます。 T：言ってみましょう。 T：「オフトゥン」　　Ss：「オフトゥン」	・イギリス人のALTがいれば，oftenを発音してもらい，発音の違いに気付かせるとよい。
（4分）	○ワークシートで確認する。	

〔評価例〕・世界には様々な英語があることの理解と柔軟性を，生徒とのやり取りの中で確認する。

評価

評価規準	米語と英語には発音に違いがあることを理解している。		
評価基準	十分満足できる（a）	概ね満足できる（b）	努力を要する（c）
	発音の違いを**十分に**理解している。	発音の違いを**概ね**理解している。	発音の違いを理解していない。

ワークシート5

アメリカ英語とイギリス英語の発音の違い

Class（　　）Number（　　）Name（　　　　　　　　　）

> アメリカ英語は，特に [r] の音が強くなります。
> 舌を喉の奥の方に持っていきます。
> また，発音自体が少しだけ異なるものもあります。

アメリカ英語とイギリス英語の発音の違い

○基本的に，アメリカ英語は，[r] の音が強い。

　例）アメリカ英語　　hard　[haːrd]　（熱心な）
　　　　　　　　　　　park　[paːrk]　（公園）
　　　　　　　　　　　bird　[bəːrd]　（鳥）
　　　イギリス英語　　hard　[haːd]　（熱心な）
　　　　　　　　　　　park　[paːk]　（公園）
　　　　　　　　　　　bird　[bəːd]　（鳥）

○その他の違い

	単語	意味	アメリカ英語	イギリス英語
①	often	しばしば	[ɔ́ːfən]	[ɔ́ftn]
②	tomato	トマト	[təméitou]	[təmáːtou]
③	zebra	シマウマ	[zíːbrə]	[zebrə]
④	either	どちらか一方	[íːðər]	[áiːðər]
⑤	neither	どちらも〜でない	[níːðər]	[náiːðər]
⑥	address	住所	[ǽdres]	[ædrés]
⑦	direction	方向・方角	[dirékʃən]	[dáirekʃən]
⑧	can't	〜できない	[kǽnt]	[kaːnt]

6 | 世界には様々な英語があることを知っている②

身に付けさせたい「知識 & 技能」のポイント

世界には様々な英語がある。そのうちの1つにオーストラリア英語がある。音声面でいうと，ロンドン訛りのコックニーが大きな特徴となる。[ei] という発音が [ai] となることは有名である。「知識は力」であるので，聞いたときに理解できるようにしておきたい。

指導の流れと評価例（2分）

ねらい	○教師の指導／支援　●生徒の活動	留意点
オーストラリア英語の発音の特徴を理解する。	○オーストラリアの話題や世界の様々な英語が話題になったときに，導入する。 T：世界には様々な英語があり，発音の仕方も異なる単語があります。みんなは，敢えて，そのような英語を使うことではなく，知っておくといいので，紹介しますね。 　オーストラリアでは，[ei] が [ai] になることがあります。例えば，today は，「トゥダイ」と言います。　Ss：「トゥダイ」 T：他にも見ていきましょう。	・実際，私が ALT を車で迎えに行き，旦那さんが出てきて，Sorry, she was going **today (to die)**, but she has a stomachache. と言われ，「あら，大変」と思って数秒考えて，理解したことがある。
（2分）	○ワークシートで確認する。	

〔評価例〕・オーストラリア英語の発音を聞かせ，理解できるか確認する。

評価

評価規準	オーストラリア英語の発音の特徴を理解している。		
評価基準	十分満足できる（a）	概ね満足できる（b）	努力を要する（c）
	豪語の発音の特徴を**十分に**理解している。	豪語の発音の特徴を**概ね**理解している。	豪語の発音の特徴を理解していない。

ワークシート 6

オーストラリア英語の発音の特徴

Class (　　) Number (　　) Name (　　　　　　　　)

オーストラリアは，コックニー（イギリスの東ロンドンの労働者階級が話していた訛り）の影響を受けています。コックニー英語の特徴に，[ei] を [ai] と発音することがあります。Good day, mate. は，有名ですね！

特徴1　[ei] が [ai] になる。

① tod<u>ay</u>　　I'm going to a hospital tod<u>ay</u>.
　　　　　　　　　　　　　　　　　　　　アイ

② <u>ei</u>ght　　What time is it?　　It's <u>ei</u>ght o'clock.
　　　　　　　　　　　　　　　　　　　アイ

③ f<u>a</u>ce　　Have you washed your f<u>a</u>ce?
　　　　　　　　　　　　　　　　　　　アイ

④ p<u>a</u>per　　Give me some p<u>a</u>per?
　　　　　　　　　　　　　　　　アイ

⑤ s<u>ay</u>　　What did you s<u>ay</u>?
　　　　　　　　　　　　　　アイ

特徴2　ing の g を発音しない。

① somethin<s>g</s>　　I want somethin<s>g</s> to drink.

② nothin<s>g</s>　　What happened?　　Nothin<s>g</s> special.

③ singin<s>g</s>　　What are you singin<s>g</s>?　　My favorite song.

特徴3　r を強調しない。　① doctor [daktə]　② car [kaː]

特徴4　[ai] が [ɔi] に近くなる。　① like [lɔik]　② nine [nɔin]

7 | メモをとって，情報を正しく取り出す

身に付けさせたい「知識＆技能」のポイント

　「知識及び技能」は，実際のコミュニケーションにおいて活用できる技能となるように指導する。そのためには，「知識」は，言語活動を通して，「技能」となるよう指導する必要がある。つまり，「知識及び技能」と「思考力，判断力，表現力等」を行ったり来たりしながら，確かな「知識及び技能」となるよう指導する。単語では音声が聞き取れても，それが文や文章に入ったときに聞き取れないのでは困る。

指導の流れと評価例（2分）

ねらい	○教師の指導／支援　●生徒の活動	留意点
文や文章の中で，音声を聞き取り，意味を理解することができる。(2分)	●短い文章を聞く。（Step 1） T：Today, let's listen to a short story and take a memo. T：（音声を聞かせる） Ss：（メモをとる） ●メモをペアで共有する。（Step 2） ○メモのとり方を見せる。（Step 3）	・高校入試問題などの音源を用いて聞かせ，メモをとることを帯活動にしつつ，音を正確に聞き取ることをさせる。

〔評価例〕・ワークシートにより，適切なメモがとれているか確認する。

評価

評価規準	文や文章の中で，音声を聞き取り，意味を理解している。		
評価基準	十分満足できる（a）	概ね満足できる（b）	努力を要する（c）
	文や文章の中で，音声を聞き取り，意味を**十分**に理解している。	文や文章の中で，音声を聞き取り，意味を**概ね**理解している。	文や文章の中で，音声を聞き取れていない。

ワークシート 7

メモのとり方を覚えよう

Class （　　） Number （　　） Name （　　　　　　　　）

英語を聞きながらメモをとると，内容がよりよくわかることがあります。
今日は，メモをとることを覚えましょう。

Step 1　英語を聞いてメモをとりましょう。

Step 2　ペアととったメモを見せ合いながら，話の内容を確認しましょう。

Step 3　先生がとるメモを見ましょう。メモはどのようにとるのかな？

→メモは，文ではなく，大事な言葉をキーワードとして，メモしよう。

→関連する事柄は，線でつなげながらメモしよう。

→「○○と△△の会話です」と聞いたら，即座に登場人物の名前を書こう。
　そして，その人が発言したことは，その人物名から線を引きながら，メモしよう。

8 ｜ スピーチやプレゼンで，意味のまとまりで区切る

身に付けさせたい「知識＆技能」のポイント

　スピーチやプレゼンは，「発表」である。「発表」は，話し手の一方的な発話となる。話し手は，聞き手にとって，理解しやすいように，大事な語はゆっくり話したり，強調して言ったり，間をとったりすることは大切な技能である。理解しやすくするためには，効果的な配慮となる。

指導の流れと評価例（20分）

ねらい	○教師の指導／支援　●生徒の活動	留意点
大事な語は，強調したり，ゆっくり話したりできる。 （20分）	○次のような手順で，相手を意識した発表をさせる。 ●簡単なミニスピーチ文を書く。 T：テーマを1つ選び，あなたの思いや考えを伝える文を書きましょう。 Ss：（書く）（Step 1） ●書いた英文に，読み方の印をつける。 Ss：（印をつける）（Step 2） ●ペアで実際にミニスピーチをする。 Ss：（発表する）（Step 3）	・ペアで発表させるときは，事前に時間を設け，練習させてから行う。 ・ペアで感じたことなどをピアレビューさせたり，自己評価させたりする。

〔評価例〕・スピーチやプレゼン等，発表活動時に発話状況を評価する。

評価

評価規準	大事な語は，強調したり，ゆっくり話したり，間をとったりして聞き手を意識して話している。		
評価基準	十分満足できる（a）	概ね満足できる（b）	努力を要する（c）
	聞き手を意識した話し方が**十分**できている。	聞き手を意識した話し方が**概ね**できている。	聞き手を意識した話し方ができていない。

ワークシート 8

大事な語は強調したり，ゆっくり話したり，間をとろう

Class （　　） Number （　　） Name （　　　　　　　　）

スピーチや発表などの一方的に話をする際には，相手に理解してもらえるように，大事な語は，強調して伝えたり，ゆっくり言ったりすると，理解されやすくなります。

Step 1 　1 つテーマを選び，10 文程度のスピーチ文を書きましょう。

・My Hometown　　　・My Favorite Season　　　・My Treasure
・My Future Dream　　・My Favorite Things to Do　・その他

Hello. _____

_____

_____

_____

_____

_____

Step 2 　強調したり，ゆっくり言ったりする語や語句に，＿＿＿を引き，間をとるとよいところには，／を書きましょう。

Step 3 　発表してみましょう。

Chapter 3

「語彙」の教え方ガイド＆ワーク

1 | 音素の正確な理解を確認する

身に付けさせたい「知識＆技能」のポイント

　3年生にもなると，多くの単語に触れてきており，英語の音にも十分に慣れてきている。かつては，次のような発音問題があった。今で考えると，このような問題を音声問題としたため，評価の妥当性に欠け，今ではこの種の問題が使われなくなったが，「音素の取り出し」という視点では，よい学習になっていたのではないかと考える。

【問題】 下線部の音が他と違うものを1つ選びなさい。
1. br<u>ea</u>d　　　2. sp<u>ea</u>k　　　3. l<u>ea</u>ve　　　4. <u>ea</u>t

指導の流れと評価例（10分）

ねらい	○教師の指導／支援　●生徒の活動	留意点
下線を引いた部分の音素を取り出すことができる。 （10分）	○文字に下線を引き，音素を確認する。 T：（板書：w<u>o</u>n）ここのoの発音は？ Ss：ウオ／オ／ア T：oは，「ア」と発音します。 （下線の下に，[ʌ]と書く） T：他にも，[ʌ]という音はないかな？ S1：sometimes, uncomfortable … ・教科書の中から探させる。	・最終的なねらいは正しく発音することであるので，音素が取り出せた後，正確に発音させるようにする。
〔評価例〕・文字に下線を引き，音素を尋ね，言わせ，確認する。		

評価

評価規準	下線を引いた部分の音素を取り出している。		
評価基準	十分満足できる（a）	概ね満足できる（b）	努力を要する（c）
	十分に単語の中の音素を取り出すことができる。	**概ね**単語の中の音素を取り出すことができる。	単語の綴りを覚えていない。

ワークシート 1

単語の音を取り出せるかな？

Class (　　) Number (　　) Name (　　　　　　　　　)

次の単語の下線を引いたところは，どんな音かな？
また，その音と同じ音を含む単語を [　　　] に書い
てみましょう。

例) Look at her sm<u>i</u>le. [design,　　find,　　like,　　title,　　fly　　]
　　　　　　　アイ

① I like p<u>ea</u>ches.　　　[　　　　　　　　　　　　　　　　　　　]

② I go to sch<u>oo</u>l.　　　[　　　　　　　　　　　　　　　　　　　]

③ My n<u>a</u>me is Hiro.　[　　　　　　　　　　　　　　　　　　　]

④ I w<u>o</u>n the game.　　[　　　　　　　　　　　　　　　　　　　]

⑤ I b<u>ought</u> this pen.　[　　　　　　　　　　　　　　　　　　　]

⑥ Kenny s<u>ai</u>d, "Let's go and see pandas."
　　　　　　　　　　　　[　　　　　　　　　　　　　　　　　　　]

⑦ Have you h<u>ear</u>d the news?
　　　　　　　　　　　　[　　　　　　　　　　　　　　　　　　　]

2 | 接頭辞を理解し，単語の意味を推測する

身に付けさせたい「知識＆技能」のポイント

　単語には，もとになる「語根」に，接頭辞や接尾辞を加え，単語に新しい意味をもたらす語がある。3年生にもなると，学習した単語数も多くなり，「語根」及び「接辞」により，意味を推測することも可能になってくるだろう。接頭辞には，次のようなものがある。

【接頭辞】 un-, in-, im-, dis-, re-, en-, pre-, non-, mis-, ir-

指導の流れと評価例（15分）

ねらい	○教師の指導／支援　●生徒の活動	留意点
接頭辞の意味を理解し，単語の意味を推測できる。 （15分）	○接頭辞の意味を推測させる。 T：（板書：lucky - unlucky）意味は？ Ss：「幸運な」と「不幸な」 T：Right. では,これは？（板書：happy - unhappy） Ss：「幸せ」「不幸せ」 T：un は，どんな意味でしょうか。 Ss：反対を表す。 T：Good guess. 他には，un をつけて，反対の意味になるものはないかな？	・事前に教科書でどのような接頭辞の入っている語が学習済みであるか取り出しておくとよい。 ・un のつく単語を出させる。
〔評価例〕・接頭辞がついている単語が出てきたときに，接頭辞の意味を確認する。		

評価

評価規準	接頭辞の意味を理解し，単語の意味を推測している。		
評価基準	十分満足できる（a）	概ね満足できる（b）	努力を要する（c）
	十分に接頭辞の意味を理解し，単語の意味を推測できる。	**概ね**接頭辞の意味を理解し，単語の意味を推測できる。	接頭辞の意味を理解しておらず，意味を推測できない。

ワークシート 2

接頭辞をヒントに，単語の意味を推測しよう

Class （　　　） Number （　　　） Name （　　　　　　　　　）

単語の前に，un や in, pre 等をつけて，新しい意味を作り出します。単語の前に置くので，「接頭辞」と言うよ。

接頭辞	例	意味
un-	unhappy, unlucky, uncertain, uncomfortable, unusual, unnecessary, unknown, unpaid, uninteresting	反対否定
in-	incorrect, informal, inactive, inconvenient	
im-	impossible, imperfect, impolite, impatient	
dis-	disappear, discover, disclose, dishonest, dislike	
re-	recover, restart, rewrite, reread, replay, review	再び
en-	enlarge, enrich, encourage	～する

○次の_____の単語の意味を推測し，（　　　　　）に書きましょう。

① A：I fell down at the stairs yesterday.

　　B：That's too bad. It was really an unlucky day.

　　　　　　　　　　　　　（　　　　　　　　　）

② A：Hiro didn't help me learn English at all yesterday.

　　B：You've noticed that? He is known as an unkind person.

　　　　　　　　　　　　　　　（　　　　　　　　　　）

③ A：Don't you think we should go on a hike tomorrow?

　　B：I disagree with you. It will be rainy.　（　　　　　　　　　　）

3 | 接尾辞を理解し，単語の意味を推測する

身に付けさせたい「知識＆技能」のポイント

「語根」に，接尾辞をつけて，意味を加えることがある。例えば，-able は，「～が可能である／～できる」の意味である。accept（受け入れる）に able（～できる）を加え，acceptable（受け入れることができる）となる。

【接尾辞】 -less, -ful, -en, -ment, -able, -er

指導の流れと評価例（15分）

ねらい	○教師の指導／支援　●生徒の活動	留意点
接尾辞の意味を理解し，単語の意味を推測できる。	○接尾辞の意味を推測させる。 T：（黒板に beautiful と書く）What does this mean?　　　Ss：美しい T：そうだね。（ful に線を引く）ここの ful って，どういう意味？　Ss：いっぱい T：すごい！　そう「～で満ちている」という意味なんです。-ful がつく単語をノートに書いてみよう。　　　Ss：（ノートに書く） ●接尾辞を発表する。 T：見つけたものを発表してください。	・接尾辞を用いた単語を見つけさせる。 ・教科書を見てもよいことを伝える。
（15分）	S1：useful …	

〔評価例〕・接尾辞がついている単語が出てきたときに，接尾辞の意味を確認する。

評価

評価規準	接尾辞の意味を理解し，単語の意味を推測している。		
評価基準	十分満足できる（a）	概ね満足できる（b）	努力を要する（c）
	十分に接尾辞の意味を理解し，単語の意味を推測できる。	**概ね**接尾辞の意味を理解し，単語の意味を推測できる。	接尾辞の意味を理解しておらず，意味を推測できない。

ワークシート 3

接尾辞をヒントに，単語の意味を推測しよう

Class（　　）Number（　　）Name（　　　　　　　　）

単語の後ろに，less や，ful，en 等をつけて，新しい
意味を作り出します。語尾に置くので，「接尾辞」と
言うよ。

接尾辞	例	意味
-less	careless, helpless, cordless, priceless, fruitless, homeless, painless	・〜が欠けている。
-ful	beautiful, careful, thoughtful, fruitful, colorful, powerful, hopeful, painful	・〜に満ちている。 ・名詞を形容詞にする。
-en	weaken, fasten, sharpen, shorten, darken	・〜にする。 ・形容詞を動詞にする。
-ment	agreement, excitement	・動詞を名詞にする。
-able	usable, changeable, comfortable, available, untouchable, unbelievable	・〜が可能である。
-er	player, teacher, singer, painter, driver	・〜する人

○次の＿＿＿＿の単語の意味を推測し，（　　　　）に書きましょう。

① A : How was your stay on your school trip?

　B : Great! I've made countless memories.　（　　　　　　　　　）

② A : Is this water drinkable?　（　　　　　　　　　）

　B : Yes. We can drink tap water in Japan.

4 | 表現できないことを，他の言い方で，言い替える

身に付けさせたい「知識＆技能」のポイント

　３年生ともなれば，自分の言いたいことが言えないときに，他の言い方で言い替えればよいことに気付かせ，言い替えることの方策を「知識及び技能」として教えたい。

指導の流れと評価例（10分）

ねらい	○教師の指導／支援　●生徒の活動	留意点
言えない語を，違う語で言い替えればよいことを知る。	○「言い替え」を教える。 T：（板書「このスープはぬるい」） 　英語でなんというかノートに書きましょう。 Ss：（ノートに書く） ・机間指導する。 T：すばらしい。○○さん。書いたものを言ってください。 S1：This soup is not hot.　　Ss：そうか！ T：言いたいことがうまく言えないときは，他の方法で言えるか考えるといいですね。	・生徒同士の Small Talk の後で，「言いたかったけど，言えなかった表現はある？」と尋ね，言い替えることが日常的になるようにしておくとよい。
（10分）	●ワークシートを行う。	

〔評価例〕・言えない語があったときに，違う語で言い替えようとしているか，態度や技能を観察により，形成的に評価する。

評価

評価規準	言えない語を，違う語で言い替えればよいことを知っている。		
評価基準	十分満足できる（a）	概ね満足できる（b）	努力を要する（c）
	言えない語を，違う語で**言い替えている**。	言えない語を，違う語で**言い替えようと試みている**。	言えない語を，違う語で言い替えようとしていない。

ワークシート 4

言えない表現があったら，他の言い方で伝えよう

Class （　　） Number （　　） Name （　　　　　　　）

英語で伝えようとして，単語が思いつかなかったら，
他の言い方で言えないかどうか，考えよう。

〇次の＿＿＿＿を英語で表現しましょう。

①今日の授業，つまらなかった！

Today's class was ＿＿＿＿＿＿＿＿＿＿＿＿＿＿＿＿＿.

②私の祖父は，犬の散歩を日課にしている。

My grandfather ＿＿＿＿＿＿＿＿＿＿＿＿＿＿＿＿＿.

③もうすぐ，姪っこが，うちに来ます。

＿＿＿＿＿＿＿＿＿＿＿＿＿＿ is coming to my house soon.

④このリンゴ，まずい！

This apple is ＿＿＿＿＿＿＿＿＿＿＿＿＿＿＿＿＿.

⑤この漫画，きらい。

＿＿＿＿＿＿＿＿＿＿＿＿＿＿＿＿＿＿＿＿＿＿＿＿＿.

〇最近，英語で言いたかったけど，言えなかった言葉はありますか？

5 | 反意語で, 語彙のネットワークを広げる

身に付けさせたい「知識＆技能」のポイント

　今までに学習した単語を整理し，単語のネットワークを広げ，語彙知識を定着させる。今回は，反意語を取り上げ，生徒の頭の中にある語彙を取り出すことを行う。私たちはコミュニケーションを図る際，頭の中にある語彙を取り出しながら，言葉にする。伝えようと思ったときに，伝えたい語彙が出てくることは大事である。

指導の流れと評価例（10分）

ねらい	○教師の指導／支援　●生徒の活動	留意点
単語の反意語を理解することができる。	○反意語を尋ねる。 T：今日は，反意語を聞いてみようかな。 （板書：big）big と反対の単語は？ Ss：small … little T：そうですね。では，（板書：old）old はどうでしょうか。 Ss：new … young … T：そうですね。old には，「古い」という意味もあれば，「年をとっている」という意味もありますね。	・反意語を取り出すことを帯活動で行いながら，語彙知識の定着を確認し，語彙を増やしていく。
（10分）	●ワークシートを行う。	

〔評価例〕・反意語問題のテストで，評価する。

評価

評価規準	単語の反意語を理解している。		
評価基準	十分満足できる（a）	概ね満足できる（b）	努力を要する（c）
	単語の反意語を**十分**に理解している。	単語の反意語を**概ね**理解している。	単語の反意語を理解していない。

ワークシート 5

反対の意味を持つ単語（反意語）

Class （　　） Number （　　） Name （　　　　　　　）

今日は，単語の反意語で，色々な単語を思い出してみ
よう。例えば，big の反意語は，small や little にな
りますね。

〇次の単語の反意語は何でしょう？　書きましょう。

形容詞

	単語	反意語		単語	反意語
①	hot		⑤	interesting	
②	cool		⑥	hungry	
③	heavy		⑦	busy	
④	easy		⑧	expensive	

動詞

	単語	反意語		単語	反意語
①	go		⑤	make	
②	buy		⑥	ask	
③	win		⑦	succeed	
④	borrow		⑧	remember	

練習　次の＿＿＿の単語の反意語を書きましょう。

① My team is <u>strong</u>.　　　　　（　　　　　　　　　）
② Look! You have the <u>same</u> cup.　（　　　　　　　　　）
③ Don't <u>push</u>!　　　　　　　　　（　　　　　　　　　）
④ Where did you <u>find</u> your purse?　（　　　　　　　　　）

6 | 同意語で，語彙のネットワークを広げる

身に付けさせたい「知識＆技能」のポイント

　反意語は，意味が反対の語を指す。一方，同意語は，意味が同じものを指す。しかし英語では，意味が同じでも，使い方が異なることがある。例えば，日本語では「見る」と言うが，英語では，watch, see, look at 〜，また，gaze at 〜や stare, glance, glimpse など，多岐に渡る。言語は文化の反映なので，語彙があるということは，ある種の区別がある。それが語彙のニュアンスであったり，使い方やコロケーションの違いとなったりして現れる。

指導の流れと評価例（10分）

ねらい	○教師の指導／支援　●生徒の活動	留意点
単語の同意語の違いや使い方を理解することができる。	○同意語を尋ねる。 T：（板書：見る）英語で言うと？ Ss：look, see, watch T：そうですね。すべて同じ意味です。でも，同じ「見る」でも，どう違うの？　どう使い分けるの？ Ss：look は何かをじっと見る… T：そうですね。	・既習の語彙を教科書で調べておく。 ・日本語では同じ意味でも英語では使い方が異なることに気付かせる。
（10分）	●ワークシートを行う。	

〔評価例〕・同意語問題のテストで，評価する。

評価

評価規準	単語の同意語の違いや使い方を理解している。		
評価基準	十分満足できる（a）	概ね満足できる（b）	努力を要する（c）
	単語の同意語の違いや使い方を**十分**に理解している。	単語の同意語の違いや使い方を**概ね**理解している。	単語の同意語の違いや使い方を理解していない。

ワークシート6

同じ意味を持つ単語（同意語）

Class（　　）Number（　　）Name（　　　　　　　　　）

同じ意味の単語を集めてみましょう。でも，微妙に，使い方が英語では異なることもあるので，気をつけましょう。

○意味やイメージを考え，英語での言い方（語句）を書きましょう。

日本語		語句	意味やイメージ
見る	①		じっと見る。
	②		動きのあるものを見る，観察する。
	③		なんとなく目に入る。
聞く	①		注意して聞く。
	②		なんとなく聞こえる。
教える	①		知識や技能，勉強を教える。
	②		口で伝える。
	③		図やイラスト動作等を用い教える。
かわいい	①		特に，子どもや動物・物に対して言う。
	②		一般的に「かわいい」という意味
高い	①		身長や建物等，下から上を眺めての「高い」
	②		山や天井等，絶対的な「高さ」を言う。
	③		値段が高い。
	④		鼻が高い。

練習　（　　　　）内のどちらの語を使ったらよいでしょうか。

①日本語は話しますか。　　Do you（　talk　　speak　）Japanese?

②味噌汁は飲みません。　　I do not（　drink　　eat　）*miso*-soup.

7 | 数えられない名詞を数える

身に付けさせたい「知識＆技能」のポイント

　日本語には，単数・複数の概念がほとんどないため，数えられる名詞，数えられない名詞は区別なく使用する。しかし，英語では，数えられる名詞の複数には，s（es）をつけ，数えられない名詞は，複数形にしない。その代わり，数えられない名詞には，数量を表す言葉を用いて，数を表す。

指導の流れと評価例（10分）

ねらい	○教師の指導／支援　●生徒の活動	留意点
数えられない名詞の数え方について理解する。 （10分）	○数えられない名詞の概念を教える。 T：英語には，数えられる名詞と数えられない名詞があります。数えられる名詞の複数形には，sやesをつけます。 　ところで，数えられる名詞，数えられない名詞って，どう見極めるの？ 　よく言われるのは，割ったり，分けたりしても，そのものが変わらないもの。例えば，ケーキは何等分してもケーキはケーキですね。分けてもそのものが変わらない場合，数えられない名詞となります。	・ここでは，数えられない名詞の概念のみ載せているが，その後，数えられない名詞を数えたいときの言い方を教えるようにする。

〔評価例〕・テストで，数えられない名詞の理解を図る。

評価

評価規準	数えられない名詞の数え方について理解している。		
評価基準	十分満足できる（a）	概ね満足できる（b）	努力を要する（c）
	数えられない名詞の数え方を**十分**に理解している。	数えられない名詞の数え方を**概ね**理解している。	数えられない名詞の数え方を理解していない。

ワークシート 7

数えられる名詞（可算名詞）と数えられない名詞（不可算名詞）

Class （　　） Number （　　） Name （　　　　　　　　　）

> 「数えられる名詞」と「数えられない名詞」の区分けの１つは，そのものをいくつかに分けても，そのものの存在が維持される場合，「数えられない名詞」と考えます。
>
> 例）ケーキをいくつかに分けても，それはケーキ
> …不可算名詞
>
> 机を壊してしまうと使えない…可算名詞

○数えられない名詞の数え方

液体や固体などの量（どのくらいの容器）

①コーヒー等	a cup of coffee / two cups of coffee
②牛乳／ジュース	a glass of milk / two glasses of orange juice
③ワイン／ビール	a bottle of wine / a bottle（can）of beer
④バニラアイス	a scoop of vanilla ice cream
⑤砂糖／塩	a spoon of sugar / a spoonful of salt

物の一部（ひとかけら）

①チョーク	a piece of chalk / two pieces of chalk
②紙	a piece of paper / a sheet of paper
③ケーキ	a piece of cake / two pieces of cake
④アドバイス	a piece of advice / many pieces of advice
⑤ニュース	a piece of news
⑥家具	a piece of furniture / two pieces of furniture

練習 日本語に合うように，（　　）に適語を入れましょう。

①私は緑茶を２杯飲みます。　　I drink two （　　　　　） of green tea.

②紙を３枚ください。　　Give me three （　　　　　） of paper.

③ミキは４つピザを食べた。　　Miki ate four （　　　　　） of pizza.

8 実際のコミュニケーションにおいて，語彙を活用できる力

身に付けさせたい「知識＆技能」のポイント

　語彙や表現，文法等は，「実際のコミュニケーションにおいて活用できる技能」となるように指導することが求められている。例えば，「乗る＝ ride, take」であるが，「ジェットコースターに乗る」は，take は使えない。なぜなら，take は，異なる場所に移動する場合に使う。ジェットコースターは，また元の場所に戻ってくるので，ride a roller coaster となる。単語の意味範囲を理解させ，適切な語彙使用を促したい。

指導の流れと評価例（10分）

ねらい	○教師の指導／支援　●生徒の活動	留意点
単語の意味範囲を知り，適切に使うことができる。 （10分）	○語彙の使用範囲を指導する。 T：I cook curry. って，どういう意味？ Ss：カレーを作る。 T：そうです。では，I make pizza. はどういう意味ですか？ Ss：ピザを作る。 T：そうですね。どちらも「作る」という意味です。どんな違いがあるの？	・一般的に，cook は火を使って料理をする場合であり，make は，火を使う場合も使わない場合も使う。

〔評価例〕・定期テストで，語彙使用の適切さを測る。

評価

評価規準	単語の意味範囲を知り，適切に使っている。		
評価基準	十分満足できる（a）	概ね満足できる（b）	努力を要する（c）
	単語の意味範囲を知り，**十分**適切に使用している。	単語の意味範囲を知り，**概ね**適切に使用している。	単語の意味範囲に気付かず，適切に語彙を使用していない。

ワークシート 8

単語の意味範囲を知り，適切に使うことができる

Class (　　) Number (　　) Name (　　　　　　　　)

> 日本語と英語では，言葉の持つ「意味範囲」が異なる場合があります。例えば，「～に乗る」は，英語では，ride や take を使います。しかし，「ジェットコースターに乗る」と言いたいときは，take は使えません。
> なぜなら，take は，「ある場所から，ある場所に移動する」という意味で使います。ジェットコースターは元の位置に戻ってきますので，使えないのです。このように，英語と日本語では，「意味範囲」が異なることがあるので，気を配りましょう。

練習　日本語に合うように，(　　　　) 内から適語を選び○をつけましょう。

①私は毎朝，サラダを作ります。

　I (　cook　　make　) salad every morning.

②動物園で，ラクダに乗った。

　I (　rode　　took　) a camel.

③また会えて嬉しいです。

　Nice to (　meet　　see　) you again.

④明日，君の家に行くね。

　I'll (　come　　go　) to your house tomorrow.

⑤夕食ができました。─── 今行きます！

　Dinner is ready. --- I'm (　coming　　going　) .

⑥髪の毛，切った？

　Did you (　cut your hair　　have your hair cut　) ?

054

ワークシートの解答 1 ～ 8

p.39 1 （例）

① each/eat/green/leader/leaf/me/ read/sea/see/speak/teach/team/teeth

② choose/cool/fool/moon/move/ movie/noon/pool/spoon/wool

③ cake/crane/day/famous/late/page/ pain/plane/play/rain/say/snake/train

④ coffee/come/company/country/ cousin/cup/drum/glove/hungry/jump/ lunch/money/publish/sun/truck/young

⑤ August/brought/caught/fall/small/ talk/tall/taught/thought/walk

⑥ desk/egg/get/head/health/jet/pen/ ready/says/seven/smell/spread

⑦ bird/early/girl/learn/purple/purse/ shirt/thirteen/thirty/Thursday/skirt/ turn

p.41 2

①不幸な ②不親切な ③反対する

p.43 3

①数えきれない ②飲むことのできる

p.45 4

① boring

② walks his dog every day

③ My mother's sister's daughter

④ not delicious ［tasty］

⑤ I don't like this comic book

p.47 5

・形容詞 ① cold ② warm ③ light ④ difficult ⑤ boring ⑥ full ⑦ free ⑧ cheap

・動詞 ① come ② sell ③ lose ④ lend ⑤ break ⑥ answer ⑦ fail ⑧ forget

練習 ① weak ② different ③ pull ④ lose

p.49 6

・見る ① look at ② watch ③ see

・聞く ① listen to ② hear

・教える ① teach ② tell ③ show

・かわいい ① cute ② pretty

・高い ① tall ② high ③ expensive ④ long

練習 ① speak ② eat

p.51 7

練習 ① cups ② sheets ［pieces］ ③ pieces

p.53 8

① make ② rode ③ see ④ come ⑤ coming ⑥ have your hair cut

Chapter 4

「文法」の教え方ガイド&ワーク

1 | 現在完了①完了 肯定文

　現在完了の時制は，日本人がもっとも苦手とする概念の１つである。「今，本を読み終えた」も「昨日，本を読み終えた」も，日本語では語尾は同じである。しかし，英語では，I <u>have just read</u> the book. と，I <u>read</u> the book yesterday. と動詞の表現が異なる。日本語には，現在完了の概念がないので，アウトプットの際，使い分けには注意が必要である。実際のコミュニケーションにおいて活用できる技能となるよう指導したい。次の４点を押さえる。

①現在完了の概念は，「過去のある時点から今までのこと」を示す。

②「have/has ＋（just）＋過去分詞」で，「（今）〜し終えた」となる。

③「have/has ＋（already）＋過去分詞」で，「（もう）〜し終えている」となる。

④I have の短縮形は，I've，he has の短縮形は，he's となる。

指導の流れと評価例（40分）

ねらい	○教師の指導／支援　●生徒の活動	留意点
目標文を聞く。 （5分）	○時制を意識させる。 T：This is an international swimming meet.（ビデオを流す）It was held in 2023. Do you know who this is?（ビデオを止める）　Ss：Mr. Irie. T：Right.（スタート位置に立ったところで）What is he going to do?　　　　Ss：Swim. T：Yes. He's going to swim.（ビデオを流す）　Now, he is swimming.（泳ぎ終えたところで止める）He has just finished swimming.（泳ぎ始め，泳いでいるとき，泳ぎ終わったときの写真を黒板に貼る）	・左記の他，陸上の100m走や，飲食場面を見せ，時制の概念を理解させる。 ・「今日はもう２組で授業したよ」など，例として，伝えたり，生徒に何を勉強したか言わせたりしてもよい。

目標文の理解を図る。（5分）	○目標文について簡単に解説する。 T：今日は，何かをやっていて，「今，終わったところ」や，「もう・すでに終わっている」という表現を勉強します。 板書　　　　ちょうど今 I have just read the book. 　〜し終えた Tom has already gone to Osaka. 　　　　　　もう・すでに	・時間の経過を直線で引き，「あることを始めて，今終えたところである」と概念をしつこく生徒に伝える。 ・変化表を用い，過去分詞について，確認する。
目標文を使ってみる。（15分）	●英語で大喜利を行う。　　　ワークシート ・教師の見本を見せる。 ・対話文が成立するように書く。（Step 1） ・ペアの片方が You look happy. と言い，もう片方がその返答を言って，大喜利を発表する。 　　　　　　　　　　　　　　　（Step 2）	・大喜利を知らない生徒がいる場合は，ビデオで様子を見させる。 ・タブレットで作品を公表することもできる。
文法のまとめをする。(15分)	○文法のまとめを行う。　　まとめワークシート ・板書をノートに写させる。 ●まとめワークシートを行う。	・文脈の中で，現在完了を用いることを確認する。
〔評価例〕・「まとめワークシート」で，目標文の正確な活用を確認する。		

評価

評価規準	現在完了（完了・結果）の肯定文を理解し，表現する技能を身に付けている。		
評価基準	十分満足できる（a）	概ね満足できる（b）	努力を要する（c）
	現在完了（完了・結果）の用法を用いて，**十分**に正しく表現している。	現在完了（完了・結果）の用法を用いて，**概ね**正しく表現している。	現在完了（完了・結果）の用法を正しく用いられていない。

ワークシート 1

現在完了（完了・結果）：〜し終えた・〜した

〜 I have just taken a bath. / I've already done my homework. 〜

Class（　　）Number（　　）Name（　　　　　　　）

Step 1 　英語で大喜利してみよう。友達が，「〜みたいだね。どうしたの」
と言いますので，現在完了を使って，答えてください。

例）A：You look happy. What happened?

B：Yes. <u>I have just landed on the moon!</u>

①嬉しそう

A：You look happy. What happened?

B：Yes. _____.

②悲しそう

A：You look sad. What happened?

B：Yes. _____.

③ワクワクしてそう・興奮してそう

A：You look excited. What happened?

B：Yes. _____.

Step 2 　Step 1 で書いたものを，友達と伝え合いましょう。

文法ポイント

(1)現在完了の完了用法は，「過去のある時点から現在まで」のことが，（　　　）
したり，完了の結果として，その状態が継続していることを言う。

(2) have/has＋（　　　）＋過去分詞で，「（今）〜し終えた」という意味になる。

(3) have/has＋（　　　　）＋過去分詞で，「（もう）〜し終えている」という意
味になる。

(4) I have の短縮形は，（　　　　）になる。

まとめワークシート 1

Class (　　) Number (　　) Name (　　　　　　　　　)

現在完了（完了・結果）：～し終えた，＜完了して＞～している

宿題を始める　　　　　　　　　　　　　　　現在

I am going to do my homework.

I am doing my homework.

【完了】
I have just done my homework.

Ken has already arrived at Osaka.　ケン は，もう大阪に着いています。
　　　もう・すでに　　　　過去分詞

問題　〔　　　〕内の語を用いて，対話を完成させましょう。
　　　なお，〔　　　〕内の語は，必要に応じて形を変えましょう。

① A : John, dinner has already been ready.

　 B : I'm coming. I ＿＿＿＿＿＿＿＿＿＿＿＿＿＿＿＿ my bike.
　　　　　　　　　　　　〔 just / wash 〕

② A : Let's go and eat dinner. Shall I reserve a table?

　 B : No, you don't have to. I ＿＿＿＿＿＿＿＿＿＿＿＿＿＿.
　　　　　　　　　　　　〔 already / do it 〕

③ A : Where is the train?

　 B : We're late. The train ＿＿＿＿＿＿＿＿＿＿＿＿＿＿.
　　　　　　　　　　　　〔 leave 〕

④ A : Where is Mike?

　 B : Oh, he ＿＿＿＿＿＿＿＿ to the U.S.
　　　　　　〔 go 〕

　 A : Really? I miss him.

2 | 現在完了②完了 疑問文・否定文

身に付けさせたい「知識＆技能」のポイント

　「完了や結果」を表す現在完了では，肯定文では，just や already を用い，疑問文や否定文では，文末に yet を用いて完了・結果用法を表す。just や already は省略しても表現できる。次の４点を押さえる。

　①現在完了は，「過去のある時点から今までのこと」を伝える。

　②疑問文は，have/has で始め，文末に yet をよく用い，「もう」と訳す。

　③否定文は，have/has の後ろに not を置き，文末に yet をよく用い，「まだ」と訳す。

　④ have not の短縮形は，haven't，has not は，hasn't になる。

指導の流れと評価例（40分）

ねらい	○教師の指導／支援　●生徒の活動	留意点
目標文を聞く。 （5分）	○最近リリースした映画について話す。 T：Hello, do you like watching movies? This is a new movie. It was released last month. I went to see the movie. **Have you seen it yet?** S1：Yes. T：Oh, **you have seen it.** How was it? S1：It was moving. T：Right. By the way, this is a cake roll in the ABC store. I love sweets. It is a new cake roll. **I've eaten it. Have you tried it yet?** Ss：Yes. / No. T：**You haven't tried it yet.** If you like sweets, please try it.	・完了用法は，なかなか教室内でその場面をつくることが難しい。 ・映画や歌が新しくリリースしたり，新商品が発売されたときに「もう見た？」「もう聞いた？」「もう食べた？」で導入する。

目標文の理解を図る。(5分)	○目標文について簡単に解説する。 T：今日は，現在完了の疑問文と否定文です。 　Repeat. You have already seen the movie. （Ss：繰り返す）疑問文は，have を前に持ってきて，最後に yet をつけます。 　板書 　　　You have already seen the movie. 　Have you　　　　seen the movie (yet)? 　　　Yes, I have.　No, I haven't.　　　もう 　I have not seen the movie (yet). 　　haven't　　　　　　　まだ	・疑問文では，have を前に持ってきて，最後に yet を持ってくること。yet は，「もう」と訳すことを確認する。 ・否定文では，have の後ろに not を置き，文末に yet を置く。yet は「まだ」と訳す。
目標文を使ってみる。(15分)	●当てっこゲームをする。　　　ワークシート ・6人の中から誰か1人になりきる。 ・友達とやり取りを行い，相手が誰であるのかを当てる。	・使用表現を事前に練習して，必要に応じ板書しておくとよい。
文法のまとめをする。(15分)	○文法のまとめを行う。　　　まとめワークシート ・疑問文，否定文を板書で整理して説明する。 ・疑問文と否定文の理解度を図る。	・机間指導をし，理解を十分深めるようにする。
〔評価例〕・「まとめワークシート」で，目標文の理解と技能を確認する。		

評価

評価規準	現在完了（完了・結果）の疑問文，否定文を理解し，表現する技能を身に付けている。		
評価基準	十分満足できる（a）	概ね満足できる（b）	努力を要する（c）
	現在完了（完了・結果）の疑問文，否定文を用いて，**十分に**正しく表現している。	現在完了（完了・結果）の疑問文，否定文を用いて，**概ね**正しく表現している。	現在完了（完了・結果）の疑問文，否定文を正しく用いられていない。

ワークシート 2

現在完了（完了・結果）：疑問文・否定文

~ Have you tried the cake yet?　No, I haven't tried it yet. ~

Class (　　) Number (　　) Name (　　　　　　　　)

友達はどんなことやものが好きなのかな？

○次のメモは，家に帰ってからの To Do リストだよ。☑ は，もう終わっている
　ことで，□ は，まだしていないという意味だよ。今から，6 人の中の誰かに
　なりきって，やり取りし，相手が誰であるか当てっこをしましょう。

例) A：Have you eaten dinner (yet) ?

　　B：No, I haven't.　I haven't eaten dinner (yet) ....

　　＊ No, I haven't. と答えた場合は，否定文も付け加えましょう。

Ken	Taku	Mana
□夕食	☑夕食	□夕食
☑お風呂	□お風呂	☑お風呂
□宿題	☑宿題	☑宿題
□皿洗い	□皿洗い	□皿洗い
□歯磨き	☑歯磨き	☑歯磨き
□学校の準備	□学校の準備	☑学校の準備

Jun	Natsu	Hiro
☑夕食	☑夕食	□夕食
□お風呂	□お風呂	☑お風呂
☑宿題	□宿題	□宿題
☑皿洗い	☑皿洗い	□皿洗い
☑歯磨き	□歯磨き	□歯磨き
□学校の準備	□学校の準備	☑学校の準備

文法ポイント

⑴疑問文は，（　　　　　）または，（　　　　　）で始める。文末ではよく
　yet が用いられ，（　　　　）という意味である。

⑵否定文は，主語の後ろに（　　　　　），または，（　　　　　）を入れる。
　文末では yet がよく用いられ，（　　　　）という意味である。

まとめワークシート 2

Class （　　） Number （　　） Name （　　　　　　　　）

現在完了（完了・結果）：疑問文・否定文

Libby has just arrived in Canada.　　リビーは今，カナダに到着しました。

Has Libby　　arrived in Canada yet?　リビーはもう，カナダには着いた？
　　　　　　　　　　　　　　　　　もう

　　→ Yes, she has.
　　→ No, she hasn't.

Libby hasn't arrived in Canada yet.　リビーは，まだカナダに到着していません。
　　　　　　　　　　　　　　　　まだ

問題 1 _____に適語を入れ，対話を完成させましょう。

① A：_____ you _____ the classroom _____?

　B：Yes, we _____. Look. The room is beautiful, isn't it?

② A：_____ Kumi _____ cake _____?

　B：I'm not sure, but she was in the kitchen a minute ago.

③ A：I _____ _____ the book _____.

　B：That's O.K. You can have it.

問題 2 〔　　〕内の語を用いて，対話を完成させましょう。
　　　　なお，〔　　〕内の語は，必要に応じて形を変えましょう。

① A：_____? 〔 do / homework 〕

　B：No, I haven't. I have no time to do it. Have you done it?

　A：No, but Miku _____ . 〔 already 〕

② A：Excuse me, can I talk to Bob?

　B：Sorry, but he _____ 〔 go / the U.S. 〕

　A：Really? I _____ yet.

〔 give / a present 〕

3 | 現在完了③経験 肯定文・疑問文・否定文

身に付けさせたい「知識＆技能」のポイント

　現在完了の経験用法は，「～したことがある（ない）」で，生徒にとっては，比較的理解しやすい概念であると考えられる。

　「知識及び技能」として，次の5点を押さえる。

　①経験用法は，「過去のある時点から今までのこと」で経験を伝える。

　②「have/has ＋過去分詞」で，「～したことがある」となる。

　③肯定文は，回数を表す once（1回），twice（2回）などをよく用いる。

　④疑問文は，have/has で始め，ever（今までに）をよく用いる。

　⑤否定文は，never を用い，「一度も～したことがない」と訳す。

指導の流れと評価例（40分）

ねらい	○教師の指導／支援　●生徒の活動	留意点
目標文を聞く。 （5分）	○目標文を導入する。 ・白いイノシシを見た話をする。 T：Have you ever seen a white wild boar?（写真を見せる）This year, while I was driving at night in Gifu, a big animal began crossing in front of my car. I soon stopped. It was white and big, walking very slow. I thought it was a wild pig because it was white! But it was a white wild boar! It is a lucky animal, and it brings us a luck. Also, while I was driving with my wife at night this year, she found the white wild boar first and I looked at it too. I have seen a white wild boar twice! ・教師の経験を語る。	・身近なレストランに行って，食べたことがあるかどうか尋ねたり（例：カレー専門店でカレーうどんを食べたことがある？），「流れ星」や，「生き物に触った話」「出かけたことのある場所」「富士山登山」など，教師の体験を話したり身の回りから話題を探す。

目標文の理解を図る。(5分)	○目標文について簡単に解説する。 T：今日の勉強は，現在完了の経験用法です。 板書 I have seen a white wild boar twice. 　〜したことがある　　　　　　2回 Have you ever seen a white wild boar? 　　　今までに 　　　Yes, I have.　No, I haven't. I have never seen a white wild boar. 　　一度も〜したことがない	・疑問文は，have/has で始め，ever をつけることがよくあることや，否定文の形式について簡単に説明しておく。 ・板書はまだ写させない。
目標文を使ってみる。(15分)	●考えを伝え合う。　　　　　ワークシート ・使用する英文や過去分詞を確認する。 ・友達と経験を話し合う。（Step 1） ・わかったことを書く。（Step 2）	・尋ねたい経験を，Step 1 の（ ）に書かせ，生徒の自由な発想を大切にする。
文法のまとめをする。(15分)	○文法のまとめを行う。　まとめワークシート ・机間指導をし，生徒の理解度を把握する。 ●早く終わった生徒は，黒板に答えを書く。	・have＋過去分詞の形式の理解を確認する。
〔評価例〕・「まとめワークシート」で，目標文の理解と技能を確認する。		

評価

評価規準	現在完了（経験）を理解し，表現する技能を身に付けている。		
評価基準	十分満足できる（a）	概ね満足できる（b）	努力を要する（c）
	現在完了（経験）を用いて，**十分に**正しく表現している。	現在完了（経験）を用いて，**概ね**正しく表現している。	現在完了（経験）を正しく用いられていない。

066

ワークシート 3

現在完了（経験）：〜したことがある

〜 Have you ever been to Okinawa? I have visited there three times. 〜

Class（　）Number（　）Name（　　　　　）

Step 1　あなたは次の経験はありますか。友達と経験を伝え合ってみましょう。また，（　　　）にはあなたが尋ねたいことを入れましょう。

例）A：Have you ever been camping?

B：Yes, I have. When I was an elementary school student, I went camping in Yamanashi.

○経験したことあるかな

swim in the river	ride an animal	see a shooting star
lose your money	play (*shogi*/UNO/〜game)	sing *karaoke*
find money	climb a mountain	(　　　　　)

Step 2　友達と伝え合い，わかったことを書きましょう。

（　　　　　　　　　　　　　　　　　　　　　　　　　　）

文法ポイント

(1)「〜したことがある」は，have ＋（　　　　　）を使う。

(2) 1回は（　　　　　），2回は（　　　　　），3回以上は，times を用いる。

　例）5回（　　　　　），数回（　　　　　），何回も（　　　　　）

(3)疑問文は，（　　　　　）をよく用い，否定文は，（　　　　　）を用いる。

まとめワークシート 3

Class （　　） Number （　　） Name （　　　　　　　　　）

現在完了（経験用法）：〜したことがある

　　　You <u>have</u> been to Kyoto <u>once</u>.　あなたは一度，京都に行ったことがある。

Have you <u>ever</u> been to Kyoto?　あなたは京都には行ったことはありますか？
　　　　今までに

　Yes, I have.

　No, I haven't.

I have never been to Kyoto.　私は一度も京都には行ったことはありません。
　　　一度も〜ない

＊１回（once），２回（twice），３回（three times），数回（several times）

問題１　＿＿＿を引いた動詞を現在完了形にして，文を書き直しましょう。

① I like the book. I <u>read</u> it many times.

_____.

② <u>Did</u> you <u>see</u> a shooting star?

_____?

③ I <u>didn't go</u> to USJ.

_____.

問題２　日本語に合うように，＿＿＿＿に適語を入れましょう。

①私は富士山に２回登ったことがあります。

　I_____ _____ Mt.Fuji _____.

②これ食べたことある？ _____ you _____ _____ this?

③私の妹は，キャンプはしたことがない。

　My sister _____ _____ _____ camping.

④私の担任の先生は，何回も海外に行ったことがある。

　My homeroom teacher _____ _____ _____ many _____.

4 | 現在完了④継続
肯定文

身に付けさせたい「知識＆技能」のポイント

現在完了の継続用法は，have/has＋過去分詞の形で，「（ずっと）～している（今も）」という意味である。この継続用法では，（今も）というのがポイントとなる。「知識及び技能」として，次の３点を押さえる。

① 「have/has＋過去分詞」で，「（ずっと）～している（今も）」となる。

②継続用法では，for ～（～の間）や，since ～（～以来，～から）を用いる。

③ be 動詞の過去分詞は，been となる。

指導の流れと評価例（40分）

ねらい	○教師の指導／支援　●生徒の活動	留意点
目標文を聞く。 （5分）	○目標文を導入する。 T：Look.（古くなった財布を見せる）This is my wallet. I like this wallet. Once I left my wallet in the toilet at a shopping mall. Someone stole my wallet. I was shocked, and I bought this wallet. I have used this wallet for about 15 years. It looks very old, but I treasure this wallet. Look. This is my car. I bought it in 2014, so I have used this car for 10 years. I treasure my car too. What do you treasure? Ss：baseball glove / game T：When did you buy the glove? S1：中学に入学したとき。 T：Oh, you have used it for 3 years.	・教師の持っている物を紹介しつつ，物を大切に使っていることを生徒に伝える。 ・生徒と対話しながら，現在完了を用い，必要に応じ，板書して視覚情報を与える。 ・できれば状態動詞（live や like，know，want など）での導入が好ましい。

目標文の理解を図る。	○目標文について簡単に解説する。 T：この財布を先生は10年以上使っています。大事にしているですが，今日は，「過去のある時点から今まで」のことを言います。（直線を書く）2009年から現在まで，ずっと使っていて，今も使っているので，have + 過去分詞を使います。 板書 2009　　　　　　　　　　今 ◄――――――――――――► I have used this wallet for 15 years. （ずっと）〜している（今も） I have used this wallet since 2009. （5分）	・「ずっと〜している」そして，「今も」というのが重要である。今やっていないことなどは，過去形を使う。 ・次の TF クイズに移る前に，教科書の課題や，絵などを用いて，現在完了の言い方に慣れ親しませるとよい。
目標文を使ってみる。 （15分）	● TF クイズをする。　　ワークシート ・「自分クイズ」を作る。（Step 1 ） ・「自分クイズ」を出し合う。（Step 2 ） ○文法ポイントを確認する。	・最初に教師クイズを出し，見本を見せるとよい。
文法のまとめをする。(15分)	○文法のまとめを行う。　　まとめワークシート ・for と since の違いや，be 動詞の過去分詞が been であることを確認する。	・板書をノートに写させる。
〔評価例〕・「まとめワークシート」で，目標文の理解と技能を確認する。		

評価

評価規準	現在完了（継続）の肯定文を理解し，表現する技能を身に付けている。	
評価基準	十分満足できる（a）	概ね満足できる（b）	努力を要する（c）
	現在完了（継続）を用いて，**十分に正し**く表現している。	現在完了（継続）を用いて，**概ね**正しく表現している。	現在完了（継続）を正しく用いられていない。

ワークシート 4

現在完了（継続）：（ずっと）～している（今も）

~ I have lived in Gifu since 2018. I've been a fan of AKB 48 for 8 years. ~

Class （　　） Number （　　） Name （　　　　　　　　）

Step 1　現在完了の継続用法を用いて，「自分クイズ」を作りましょう。

例) I <u>have played</u> the piano since I was 3 years old.

I <u>have been</u> a fan of Giants for 7 years.

Miki and I <u>have known</u> each other since we were in a kindergarten.

	Statement	True	False
①			
②			
③			
④			
⑤			
⑥			
⑦			

Step 2　Step 1 で作ったクイズを友達と出し合いましょう。

→わかったことを書きましょう。

[　　　　　　　　　　　　　　　　　　　　　　　　　　　　　]

文法ポイント

(1)「（ずっと）～している（今も）」は，（　　　　　　）＋（　　　　　　）の後に，

継続している期間を表す語「～の間」「～以来・～から」を用いる。

(2)「～の間」は（　　　　　）を，「～以来・～から」は（　　　　　）を使う。

まとめワークシート 4

Class (　　) Number (　　) Name (　　　　　　)

現在完了（継続）：（ずっと）〜している（今も）

I have stayed Ken's house for a year.
　have ＋ 過去分詞　　　　　 1 年間滞在している（今も）
Taku has been a fan of *shogi* since he was 4 years old.
　　has ＋ 過去分詞　　　　 4 歳から将棋が好き（今も）

問題 1 　（　　　）内に，for または since を入れましょう。

① I have lived in Osaka (　　　　　) a year.

② Mika has been in Canada (　　　　　) 2022.

③ Kenta has been sick (　　　　　) a long time.

④ We have known (　　　　　) we were junior high school students.

⑤ No rain! It has been sunny (　　　　　) last Monday.

問題 2 　＿＿＿＿に適語を入れ，対話を完成させましょう。

① A : Mike lives in Florida, right?

　 B : Yes, he ＿＿＿＿＿＿ ＿＿＿＿＿＿ in Florida ＿＿＿＿＿＿ a few years.

② A : Ken is in the hospital.

　 B : Yes, he ＿＿＿＿＿ ＿＿＿＿＿ in the hospital ＿＿＿＿＿ Saturday.

③ A : You know Taro, don't you?

　 B : Yes. We ＿＿＿＿＿ ＿＿＿＿＿＿ each other ＿＿＿＿＿ a long time.

④ A : Do you have a fever?

　 B : Yes. I ＿＿＿＿＿＿ ＿＿＿＿＿＿ a fever ＿＿＿＿＿ yesterday.

⑤ A : Oh, you are good at playing the piano.

　 B : Thank you. I ＿＿＿＿＿＿＿ ＿＿＿＿＿＿＿ it ＿＿＿＿＿ I was 3
　　 years old.

5 | 現在完了⑤継続 疑問文・否定文

身に付けさせたい「知識＆技能」のポイント

　現在完了（継続）の疑問文では，have/has で始め，否定文は，have/has
の後ろに not を入れる。否定文では，「ある一定の期間していない」という
意味になる。例えば，私の場合は，久しく東京ディズニーランドに行ってい
なかったり，将棋をしばらくしていなかったりする。生徒もやりたいことを
我慢していることがあるのではないかと思う。次の２点を押さえる。

　①疑問文は，have/has で始める。

　②否定文は，have/has の後ろに not を入れる。

指導の流れと評価例（40分）

ねらい	○教師の指導／支援　●生徒の活動	留意点
目標文を聞く。 （7分）	○目標文を導入する。 ・先生クイズを４問程度出題し，現在完了の疑問文を用いた英文を聞かせる。 T：This is Shima *sensei*. How much do you know about Shima *sensei*? 　Quiz 1. Mr. Shima has a nice car. **Has he used it for a long time?** 　a）Yes. He has used it for 10 years. 　b）Yes. He has used it for 7 years. 　c）No. He has used it for 1 year. T：Quiz 2. Mr. Shima plays tennis. **How long has he played tennis?** 　a）He has played it since he was 10. 　b）He has played it since he was 12. 　c）He has played it since he was 15.	・先生の人となりを紹介し，先生理解を深める機会とする。 ・本時の授業以降，帯活動で先生クイズを継続して出していけるとよい。 ・「（しばらく）～していない」という否定文も入れられるとよい。 ・以下，合計４問ほど行う。

目標文の理解を図る。	○目標文について簡単に解説する。 T：今日は，現在完了（継続）の疑問文，否定文を勉強します。 板書 He **has** played tennis for a long time. **Has** he played tennis for a long time? **How long** has he played tennis? I have **not** been to Disneyland for a while.	・疑問文は，have/has を前に持っていくだけで，完了や経験でも学習済みである。 ・生徒から疑問文や否定文の作り方を引き出すようにする。
(3分)		
目標文を使ってみる。(20分)	●友達クイズを行う。 **ワークシート** ・友達クイズを作る。(Step 1) ・友達クイズをグループで出し合う。(Step 2)	・タブレットで作らせてもよい。
文法のまとめをする。(10分)	○文法のまとめを行う。 **まとめワークシート** ・否定文は，「ある一定の期間やっていないこと」を指すことを確認する。	・教師が最近やっていないことを示すとよい。
〔評価例〕・「まとめワークシート」で，目標文の理解と技能を確認する。		

評価

評価規準	現在完了（継続）の疑問文と否定文を理解し，表現する技能を身に付けている。		
評価基準	十分満足できる（a）	概ね満足できる（b）	努力を要する（c）
	現在完了（継続）の疑問文と否定文を用いて，**十分に**正しく表現している。	現在完了（継続）の疑問文と否定文を用いて，**概ね**正しく表現している。	現在完了（継続）の疑問文と否定文を正しく用いられていない。

ワークシート 5

現在完了（継続）：疑問文・否定文

~ Have you studied Japanese for a long time? ~

Class (　　) Number (　　) Name (　　　　　　　　　)

Step 1　友達クイズを作りましょう。

例) Ms. Sato likes Snoopy very much. She is a big fan of Snoopy.

Question. How long has she been a fan of Snoopy?

a) She has been a fan since she was 4.

b) She has been a fan since she was a student.

c) She has been a fan since she became a teacher.

Quiz 1

_____

_____

_____

Quiz 2

_____

_____

_____

Step 2　Step 1 で作ったクイズをグループで出し合いましょう。

文法ポイント

(1)疑問文は，（　　　　　　　　　）を前に持ってくる。

(2)否定文は，have/has の後ろに，（　　　　　）を入れ，「ある一定の期間やっ
ていない，今も」という意味になる。

まとめワークシート 5

Class (　　) Number (　　) Name (　　　　　)

現在完了（継続）：疑問文・否定文

You have lived in Japan for a long time.

Have you ~ lived in Japan for a long time?

→ Yes, I have.　　No, I haven't.

How long have you lived in Japan?

過去　　　　　　　　　　4年前　　　　　　　　　現在

4年間～していない

I have not gone to Tokyo Disneyland for 4 years.

問題1 ＿＿＿＿＿に適語を入れ，対話を完成させましょう。

① A : You speak Japanese well. ＿＿＿＿＿＿ you learned Japanese ＿＿＿＿＿＿

　　 you were in the U.S.?

　B : Yes, I have. I started learning it at university. It is still difficult.

② A : Do you go and sing *karaoke* these days?

　B : No. I'm too busy. I ＿＿＿＿＿＿＿＿＿ sung *karaoke* for a year.

問題2 〔　　〕内の語句を用いて，対話を完成させましょう。

　　　 なお，〔　　〕内の語句は，必要に応じて形を変えましょう。文頭

　　　 にくる語は，大文字で書き始めましょう。

① A : ＿＿＿＿＿＿＿＿＿＿＿＿＿＿＿＿＿＿＿＿＿＿＿＿＿＿＿＿＿＿？

　　　　　　　　　　〔 how long / teacher 〕

　B : I've been a teacher for 30 years.

② A : My grandfather is sick. He likes drinking beer, but he ＿＿＿＿＿＿＿＿

　　 ＿＿＿＿＿＿＿＿＿＿＿＿＿＿＿ beer since last month. 〔 not / drink 〕

　B : That's too bad. I hope he'll get well soon.

6 現在完了進行形
肯定文・疑問文・否定文

身に付けさせたい「知識＆技能」のポイント

　動詞が，動作動詞の場合，より継続の意味を強めたり，今後も続ける気持ちを表したりするため，「have/has + been +動詞 ing」の形を用い，「（ずっと）〜している（今も）」という意味となる。for や since を用いなくても，継続の意味であることがわかる。次の4点を押さえる。

① 「have/has + been +動詞 ing」の形で，「（ずっと）〜している（今も）」となる。

②疑問文は，have/has で始める。

③否定文は，have/has の後ろに not を入れる。それぞれ短縮形は，haven't，hasn't になる。

④ ing のつけ方を確認する。

指導の流れと評価例（40分）

ねらい	○教師の指導／支援　●生徒の活動	留意点
目標文を聞く。 （7分）	○目標文を導入する。 T：Kenta, you do *judo*, and you're good at *judo*. Have you played it for a long time? S1：5歳から T：Wow, so you have been playing *judo* for 10 years. How about Mika? You play the piano. How long have you been playing it? S2：Since I was 3. T：Three? Wow! So, you have been playing the piano for … 12 years. 　Wow, you have a cute pencase. How long have you been using it?	・ピアノや習字などの習い事や，スポーツや趣味などを話題に，現在完了進行形を用いて話す。 ・また，生徒が使っている筆箱や靴など，どのくらい使っているかも話題にできる。

目標文の理解を図る。	○目標文について簡単に解説する。 T：この間は，I have played tennis for 3 years. のように，have＋過去分詞で，「（ずっと）〜している（今も）」という表現を勉強しました。今日学習する表現も，継続を表しますが，このように，have been playing とすると，より現在もやっていることがはっきりします。 板書 　　You can play tennis. 　　I have played tennis for 3 years. 　　（ずっと）〜している（今も） 　　I have been playing tennis for 3 years.	・動作動詞と状態動詞を比較し，必要に応じ，説明してもよい。 例) I have lived in Osaka for a long time. I have been studying English for a long time.
（3分）		
目標文を使ってみる。 （20分）	●TF クイズを出し合う。　　ワークシート ・TF クイズを作る。（Step 1） ・TF クイズを出し合う。（Step 2） ○文法ポイントを確認する。	・コミュニケーションを意識した相手理解の活動とする。
文法のまとめをする。(10分)	○文法のまとめを行う。　　まとめワークシート ・have＋been＋動詞 ing の形ができているかどうか確認する。	・板書をノートに写させ，文法理解を図る。
〔評価例〕・「まとめワークシート」で，目標文の理解と技能を確認する。		

評価

評価規準	現在完了進行形を理解し，表現する技能を身に付けている。		
評価基準	十分満足できる（a）	概ね満足できる（b）	努力を要する（c）
	現在完了進行形を用いて，**十分に**正しく表現している。	現在完了進行形を用いて，**概ね**正しく表現している。	現在完了進行形を正しく用いられていない。

ワークシート 6

現在完了進行形：（ずっと）〜している（今も）

〜 It has been raining for a week. 〜

Class （   ） Number （   ） Name （   ）

Step 1　あなたやあなたの身近な人をもとに，TF クイズを作りましょう。

例）I have been playing *kendo* for 7 years.

My father has been working at a bank since 1997.

No.1
_____

No.2
_____

No.3
_____

No.4
_____

Step 2　Step 1 で書いたことをもとに，友達と伝え合いましょう。

例）A：No.1. I have been playing *kendo* for 7 years.

　　B：For 7 years? That is when you were 8 years old ....

　　　　I think it's true.

　　A：Are you sure? ... The answer is false.

　　B：Really? When did you begin playing *kendo*?

　　A：I began playing it when I was 4.

　　B：Oh, so early?

文法ポイント

(1) have/has + been +動詞 ing で，「（ずっと）〜している（今も）」という意

味になる。I have は （   ）, she has は （   ） と短縮できる。

(2)疑問文は （   ） で始め，否定文は （   ） の後ろに not を置く。

まとめワークシート 6

Class (　　) Number (　　) Name (　　　　　　　)

現在完了進行形：(ずっと) ～している (今も)

肯定文 I have been learning calligraphy since I was in the 1st grade.

→ (1年生のときから) 習字を習っている (今もやっている)

疑問文 Has Miki been running in the ground for two hours?

→ (2時間も) 走っているのですか？ (今も走っている)

否定文 It has not been raining since last Monday.

→ (先週の月曜日から) 雨が降っていない (今も降っていない)

問題1 ＿＿＿を引いた動詞を現在完了進行形にして，書き直しましょう。

① I play video games since this morning.

_____.

② My sister studies French for one year.

_____.

③ It rains since last Tuesday.

_____.

④ I don't read comic books since last month.

_____.

⑤ Does he study Japanese for a long time?

_____?

問題2 (　　　　) 内の語を必要に応じて形を変え，対話を完成させましょう。

① A : Look. Mike is studying in the library.

　B : Yes. He _____ for 2 hours. (study)

② A : How long _____ shogi? (play)

　B : Since I was 5 years old. I started learning it from my grandfather.

7 | tell/show ＋人＋ that ... 「人に…を教える」

身に付けさせたい「知識＆技能」のポイント

　「tell/show ＋人＋(that)…」で，「人に…のことを伝える／教える」という意味で，文型としては，SVOO の第４文型になる。tell と show は共に，「教える・伝える」という意味があるが，前者は「言葉で教える」という意味合いが強く，後者は「絵や地図を描いたり，実演したりして教える」という意味合いが強い。よって，I'll tell you the way to the station. と言った場合は，言葉だけで伝えるイメージであるが，I'll show you … だと，地図を描いたり，一緒について案内したりして，駅までの道を教える意味になる。なお，that は省略できる。「知識及び技能」として，次の２点を押さえる。

①「tell/show ＋人＋(that)…」で，「人に…のことを伝える／教える」となる。that は，省略することができる。

② that の次は，主語＋動詞で始まる文がくる。

指導の流れと評価例（40分）

ねらい	○教師の指導／支援　●生徒の活動	留意点
目標文を聞く。 （7分）	○目標文を導入する。 ・夕陽を見せる。 T：Look. A beautiful sunset.　How will the weather be tomorrow?　　Ss：sunny T：Right. A beautiful sunset shows us that we will have a sunny day. ・赤黒い夕陽を見せる。 T：How about this dark red sunset. What does it show?　　　　　　　Ss：I think it'll rain. T：Yes. A dark red sunset shows us that it will be a rainy day tomorrow.	・信号機を見せ，The red signal shows us that you must stop. のように導入することもできる。 ・なお，歩行者用の信号は，点滅を始めたら，道路の横断を始めてはいけない。

目標文の理解を図る。（3分）	○目標文について簡単に解説する。 ・緊急地震速報を聞かせる。 T：このアラームは何を意味する？ Ss：Earthquakes will happen. T：Right. 今日の勉強は，「人に～することを教える・伝える」という文を勉強します。 板書 This sound tells us (that) earthquakes will happen.　　　　　　S 　　V　　　tell＋人＋(that)＋S＋V	・that は省略して表現することもできることを伝える。 ・that の次は，主語＋動詞になっていることを確認する。
目標文を使ってみる。（20分）	●目標文を使って表現する。　ワークシート ・身の回りのものを題材に，目標文を用いた文を作る。（Step 1） ・友達と伝え合う。（Step 2）	・文法ポイントを確認する。
文法のまとめをする。（10分）	○文法のまとめを行う。　まとめワークシート ・板書を写させる。 ・that の次が主語＋動詞になることや，that は省略できることを確認する。	・考えて英文を作るように習慣付ける。

〔評価例〕・「まとめワークシート」で，目標文の理解と技能を確認する。

評価

評価規準	tell/show ＋人＋ that ～の文を理解し，表現する技能を身に付けている。		
評価基準	十分満足できる（a）	概ね満足できる（b）	努力を要する（c）
	tell/show ＋人＋ that ～を用いて，**十分に**正しく表現している。	tell/show ＋人＋ that ～を用いて，**概ね**正しく表現している。	tell/show ＋人＋ that ～を正しく用いられていない。

ワークシート 7

tell/show ＋人＋（that）＋主語＋動詞

～ A beautiful sunset shows us (that) it will be sunny tomorrow. ～

Class （　　） Number （　　） Name （　　　　　　　）

Step 1　身の回りから「tell/show ＋人＋ that ＋主語＋動詞」の文が使える
話題を探し，表現しましょう。

①身の回りの看板やアイコンなど

　例）This icon shows us that we can open a new window.

②物語や漫画，映画，ドラマが伝えようとしていること（主題等）

　例）"Run! Meros" tells us that we should believe our friends.

③親や先生，友達に教わったこと

　例）My soccer coach told me that I should practice much harder.

Step 2　Step 1 で書いたことをもとに，友達と伝え合いましょう。

例）A : Have you ever read this comic?

　　B : No. I have never read it. What kind of story is that?

　　A : It tells us the friendship. It is a moving comic.

文法ポイント

(1) （　　　　／　　　　）＋人＋(that)＋主語＋動詞で，「人に～すること
を教える・伝える」という意味になる。

(2)接続詞の that は，省略することができる。

(3) tell は，主に言葉で伝え，show は，絵や図，実演などで伝えるときに使う。

まとめワークシート 7

Class (　　　) Number (　　　) Name (　　　　　　　　　)

tell/show ＋人＋ (that) ＋主語＋動詞

　The sign <u>shows</u> <u>us</u> that <u>we</u> should stop.

　　　　　show ＋人＋ that ＋ S ＋ V

　My teacher <u>told us</u> <u>we</u> <u>should turn off</u> the lights while we were away.

　　　　　tell ＋人＋ (that) ＋ S ＋ V

注意　that の後ろは，主語＋動詞になっているね。that は省略可能だよ。

問題1　次の文と同じ意味になるように，「tell/show ＋人＋ (that) ＋主語＋動詞」の文に書き換えましょう。

① Mr. Sato tells us to be careful of wild animals.

_____ .

② Kenny told me to clean my room.

_____ .

③ The music shows us to start eating lunch.

_____ .

問題2　(　　　) 内の語を用いて，対話を完成させましょう。

① A : Mr. Nagao _____ here. (eat)

　B : Sorry, I forgot that. I'll stop eating.

② A : What is important for us to be good friends?

　B : Ms. Yamada _____ . (kind)

③ A : Miku, I haven't seen this sign. What does it say?

　B : It _____ around here. (monkeys)

8 | 間接疑問文
I'll show you how we do.

身に付けさせたい「知識＆技能」のポイント

　間接疑問文は，疑問詞の後ろが主語＋動詞になることがポイントとなる。易から難の原則で，最初は，「be 動詞が入った文」から始めるとよい。

　「知識及び技能」として，次を押さえる。

　・動詞の後ろに，疑問詞の入った文がくる場合，「疑問詞＋主語＋動詞」の語順になる。

指導の流れと評価例（40分）

ねらい	○教師の指導／支援　●生徒の活動	留意点
目標文を聞く。 （7分）	○目標文を導入する。 ・アニメキャラクターや芸能人の顔の一部を見せる。 T：Look.（目を見せる）He is an anime character. Who is this？　　Ss：？？ T：Do you know who this is? S1：わかった。 T：Oh, Tell us who he is. S1：He is Tanjiro. T：Right.（と言って全容を見せる）Do you know what food Tanjiro likes? 　　He likes タラの芽．（写真を見せる）	・ドラえもんやサザエさん，ディズニーのキャラクターなどをもとに，クイズを作るとよい。 例）Do you know how old Sazae is? Do you know what food Sazae likes?
目標文の理解を図る。	○目標文について簡単に解説する。 T：今日の勉強は，間接疑問文です。「この人は誰？」というのは英語で？ Ss：Who is this? T：そうですね。Who is this? です。この文に，	・疑問詞の後ろは，「主語＋動詞」の語順になることを，生徒に理解させる。 ・必要に応じて，疑

（3分）	「あなたは知っていますか」という文を付け足すと，Do you know who this is? と，主語と動詞が入れ替わり，主語＋動詞の語順になります。 　今日の勉強のポイントは，疑問詞の後ろは，「主語＋動詞の語順にすること」です。 [板書] Who is this? Do you know [who] this is? 疑問詞＋主語＋動詞 What food does he like? I don't know [what food] he likes. 疑問詞＋主語＋動詞	問文を提示し，その文の最初に，Do you know や，I know，また I don't know をつけたらどういう文になるのかを尋ね，語順の理解を確認するとよい。
目標文を使ってみる。 （15分）	●友達と尋ね合う。　[ワークシート] ・⑦に疑問文を入れる。（Step 1） ・ペアで情報を交換する。（Step 1） ・Step 1で話したことをもとに，書く。（Step 2） ○時制の一致に気をつけさせる。	・机間指導し，疑問詞の後ろを，主語＋動詞で言えているかどうか確認する。
文法のまとめをする。(15分)	○文法のまとめを行う。　[まとめワークシート] ・文法ポイントを板書で整理し，理解を促す。 ・まとめワークシートで，理解度を図る。	・板書をノートに写させる。
〔評価例〕・「まとめワークシート」で，目標文の理解と技能を確認する。		

評価

評価規準	間接疑問文の語順を理解し，表現する技能を身に付けている。		
評価基準	十分満足できる（a）	概ね満足できる（b）	努力を要する（c）
	間接疑問文の語順を用いて，**十分に正しく**表現している。	間接疑問文の語順を用いて，**概ね**正しく表現している。	間接疑問文の語順で正しく表現していない。

ワークシート 8

間接疑問文

~ Do you know what this is? I don't know where Kenny likes to go. ~

Class (　　) Number (　　) Name (　　　　　　　)

Step 1　疑問文に，Do you know をつけて，友達に尋ねましょう。
　　　　⑦は，自由に疑問文を作りましょう。

例) A : Do you know what time Ms. Goto gets up?

　　B : No, I don't. Do you know what time Ms. Goto gets up?

　　A : I don't know neither. Let's go and ask her.

Talking Topics

	疑問文	Memo
①	What time does our English teacher get up?	
②	What sport does our ALT play?	
③	Where does our homeroom teacher live?	
④	What subjects do I like?	
⑤	When is my birthday?	
⑥	What do I want?	
⑦		

Step 2　Step 1でやり取りをして，知っていることは，I know ...，知らな
　　　　かったことは，I didn't know ... でノートに書きましょう。

例) I know what food Mike likes. He likes pineapples.

　　I didn't know where Mr. Sato lived.

　　　過去 ──────→ 過去形になる

文法ポイント

⑴動詞の後ろに疑問詞の文が続く場合は，疑問詞＋（　　　　）＋（　　　　）
　の語順になる。

まとめワークシート 8

Class (　　) Number (　　) Name (　　　　　　　)

間接疑問文

What is this?　　　　　Where did Tom go?

Do you know | what | this is?　　　I know | where | Tom went.

| 注意 |　疑問詞の後ろは，主語＋動詞の語順になっているね。

| 問題 1 |　日本語に合うように，＿＿＿＿に適語を入れ，文を完成させましょう。

①あなたは，この人が誰か知っていますか。

Do you know ＿＿＿＿＿＿ ＿＿＿＿＿＿ ＿＿＿＿＿＿ ?

②私は，タクの誕生日がいつだか知らない。

I don't know ＿＿＿＿＿ ＿＿＿＿＿ ＿＿＿＿＿ ＿＿＿＿ .

③私は，あなたが昨日，どこにいたのか知っているよ。

I know ＿＿＿＿＿＿ ＿＿＿＿＿＿ ＿＿＿＿＿ yesterday.

④あなたは，私が言ったことを覚えていますか。

Do you remember ＿＿＿＿＿ ＿＿＿＿＿＿ ＿＿＿＿ to you?

⑤どうやってそこに行ったか教えてください。

Please tell me ＿＿＿＿＿ ＿＿＿＿＿ ＿＿＿＿＿ there.

| 問題 2 |　(　　　) 内の語を必要に応じて形を変え，対話を完成させましょう。

① A : Where is my purse? I've lost it somewhere.

B : Oh. Do you have any idea ＿＿＿＿＿＿＿＿＿＿＿＿＿＿ ?

(lose)

② A : This shirt is cool. Tell me ＿＿＿＿＿＿＿＿＿＿＿＿＿＿ .

(buy)

B : I bought it at the ABC store in Nagoya. It was cheap.

9 現在分詞の前置・後置修飾

身に付けさせたい「知識＆技能」のポイント

　現在分詞の前置・後置修飾は，より詳しく名詞を説明する働きをする。修飾語が1つの場合は前に置き，2語以上で修飾する場合は後ろに置く。

　「知識及び技能」として，次の2点を押さえる。

　①現在分詞は，「～している」という意味である。

　②修飾語が1つの場合は名詞の前に置き，2語以上で修飾する場合は名詞の後ろに置く。

指導の流れと評価例（40分）

ねらい	○教師の指導／支援　●生徒の活動	留意点
目標文を聞く。表現に慣れる。 （5分）	○目標文を導入する。 ・教師の子どもの頃の写真を見せる。 T：Today, I'll show you some pictures.（写真1を見せる）This is a picture when I was one. The smiling boy is me. Look at this.（写真2を見せる）I am the boy riding on a turtle. I was 2. Look.（写真3を見せる） 　Do you know where I am? Ss：帽子をかぶっている。／何か持っている。 T：Yes, the boy wearing a cap is me. At junior high school, I was on the soccer team. Where am I?　　Ss：右下の子 T：Great. The boy sitting in the lower right is me. Next picture is the last. Ss：The boy playing the guitar T：Yes, the boy playing the guitar is me.	・教師が子どもの頃からの写真を見せながら，現在分詞の前置または後置修飾を用い，生徒と対話していく。 ・実際は，もっと生徒とやり取りを行う。 ・誰が教師であるのかを説明する必要が出そうな写真を用意したい。

目標文の理解を図る。	○目標文について簡単に解説する。 T：今日は，名詞をより詳しく説明する表現を勉強します。修飾が1回だけの場合は，名詞の前に置き，「カメの上に」「乗っている」「男の子」のように2回以上修飾する場合は，名詞を後ろから修飾します。 板書 The smiling boy is me. 　笑っている（男の子）は The boy riding on a turtle is me. 　カメの上に，乗っている（男の子）は	・導入で使った写真を黒板に貼り，関連性を持たせながら，文法解説をする。
（5分）		
目標文を使ってみる。 （15分）	●英語で大喜利を行う。　　　　ワークシート ・Bのセリフを考える。（Step 1） ・ペアと役割演技をする。（Step 2） ○文法ポイントを確認する。	・作成したものをタブレットで共有し，大喜利大賞を決めてもよい。
文法のまとめをする。(15分)	○文法のまとめを行う。　まとめワークシート ・前置，後置修飾の理解度を確認する。 ・場面に合った表現ができるか確認する。	・板書をノートに写させる。
〔評価例〕・「まとめワークシート」で，目標文の理解と技能を確認する。		

評価

評価規準	現在分詞の前置，後置修飾を理解し，表現する技能を身に付けている。		
評価基準	十分満足できる（a）	概ね満足できる（b）	努力を要する（c）
	現在分詞の前置，後置修飾を用いて，**十分に**正しく表現している。	現在分詞の前置，後置修飾を用いて，**概ね**正しく表現している。	現在分詞の前置，後置修飾を正しく用いられていない。

ワークシート 9

現在分詞の前置，後置修飾

~ Look at the girl playing volleyball over there. ~

Class （　　） Number （　　） Name （　　　　　　　　）

Step1　英語で大喜利！ 「何見ているの？」と言いますので，「～している…
　　　　を見ています」と答えてください。その後，「どうする？」と言いま
　　　　すので，答えましょう。

例） A：What are you looking at?

　　 B：I'm looking at money lying on the ground.

　　 A：What will you do?

　　 B：I'll take it to the police station.

① A：What are you looking at?

　　 B：_____.

　　 A：What will you do?

　　 B：_____.

② A：What are you looking at?

　　 B：_____.

　　 A：What will you do?

　　 B：_____.

Step2　Step1をもとに，ペアと役割演技してみましょう。じゃんけんで勝
　　　　った人がBで，負けた人がAをやります。

文法ポイント

⑴名詞を修飾するのに，1回だけ修飾するときは，名詞の（　　）に現在分詞
　を置き，2回以上修飾するときは，名詞の（　　）に置く。

まとめワークシート 9

Class (　　) Number (　　) Name (　　　　　　　)

現在分詞の前置・後置修飾

Look at the sleeping baby . ＊修飾語が１つのときは前から修飾する。
　　　　　寝ている赤ちゃん

The baby sleeping in the crib is my brother.
　　　ベビーベッドで寝ている赤ちゃん

注意 ２回以上修飾するときは，現在分詞は名詞の後ろに置く。

問題１ 日本文に合うように，【　　　】内の語を並べ替えましょう。

①寝ている人を見て！【 sleeping / man / the / look / at 】

_____.

②本を読んでいる男の子は，トムです。【 boy / reading / the / a book 】

_____ is Tom.

③メガネをかけている人が私の先生です。

【 teacher / is / glasses / my / woman / the / wearing 】

_____.

問題２ 〔　　　〕内の語を必要に応じて形を変え，対話を完成させましょう。

① A : Where is Tommy?

　B : Can you see _____ by the door? 〔 boy / stand 〕

　　　That's a new student Tommy.

② A : I've seen _____ over there. 〔 girl / dance 〕

　B : That's Miki. She is in class 3 -B. She's good at dancing.

③ A : I'd like to talk with Jonny.

　B : Look. He's there. _____ is Jonny.

〔 boy / talk / Miki 〕

10 | 過去分詞の前置・後置修飾

身に付けさせたい「知識＆技能」のポイント

　過去分詞の前置及び後置修飾は，「～された…」という意味になる。修飾語が１つの場合は前に置き，２語以上で修飾する場合は後ろに置くことは，現在分詞のときと同じである。次の２点を押さえる。

　①過去分詞は，「～された」という意味である。

　②修飾語が１つの場合は名詞の前に置き，２語以上で修飾する場合は名詞の後ろに置く。

指導の流れと評価例（40分）

ねらい	○教師の指導／支援　●生徒の活動	留意点
目標文を聞く。表現に慣れる。	○目標文を導入する。 ・クイズをスライドで提示する。 T：Today, I'll give you some quizzes. No.1 This is a book written by Dazai Osamu. 　a) I Am a Cat　　b) Run! Meros 　c) Kappa　　　　d) The Izu Dancer Ss：（答えを選ぶ） T：The answer is … b) Run! Meros. No.2 This is a picture drawn by Vincent Van Gogh. 　a) The Scream　　b) Mona Lisa 　c) Sun Flowers　　d) The Gleaner Ss：（答えを選ぶ） （5分）　T：The answer is … c) Sun Flowers.	・No.1では，作者名を伏せ，本の表紙を見せる。 ・No.2では，作品も見せる。他の作品についても作者を確認する。 ・答えを確認したら，他の作品について話題にし，生徒と対話する。 ・他には，「外車」（made in ～）や，「発明品」「築城した人」等を問題にする。

目標文の理解を図る。 （5分）	○目標文について簡単に解説する。 T：今日の勉強は，「〜された…」という文を学習します。意味を，前からとっていくといいです。This is a book って，どういう意味？ Ss：これは本です。 T：そう。written by Dazai Osamu は？ Ss：太宰治によって書かれた 板書 This is a book /written by Dazai Osamu. これは本です／太宰治によって書かれた This is a picture /drawn by Gogh. これは絵です／ゴッホによって描かれた	・前置修飾の例として，「壊れた窓ガラス」や「中古車（使われた車）」などを示す。 ・オーストラリア紙幣がプラスチック製で，手で破ろうと思っても簡単には破れないことも伝える。
目標文を使ってみる。 （20分）	●英語クイズを出し合う。　　ワークシート ・英語クイズを作る。（Step 1 ） ・英語クイズを出し合う。（Step 2 ） ○文法ポイントを確認する。	・板書をノートに写させる。
文法のまとめをする。（10分）	○文法のまとめを行う。　　まとめワークシート ・例題を出し，理解度を確認する。 ・まとめワークシートで，理解を深める。	・スラッシュごとに前から意味をとっていかせる。

〔評価例〕・「まとめワークシート」で，目標文の理解と技能を確認する。

評価

評価規準	過去分詞の前置，後置修飾を理解し，表現する技能を身に付けている。		
評価基準	十分満足できる（a）	概ね満足できる（b）	努力を要する（c）
	過去分詞の前置，後置修飾を用いて，十分に正しく表現している。	過去分詞の前置，後置修飾を用いて，概ね正しく表現している。	過去分詞の前置，後置修飾を正しく用いられていない。

ワークシート10

過去分詞の前置，後置修飾
～ This is a book written by Natsume Soseki. ～

Class (　　) Number (　　) Name (　　　　　　　)

Step 1　次のような動詞の過去分詞を用いて，英語クイズを作りましょう。

☐ write（書く）　☐ build（建てる）☐ draw（描く）　☐ make（作る）
☐ call（呼ぶ）　　☐ drink（飲む）　☐ play（～する）☐ read（読む）
☐ invent（発明する）☐ speak（話す）　☐ use（使う）　☐ sing（歌う）

例）This is a temple built by Ashikaga Yoshimasa.

（答え：　　　　　　　　）

This is a thing used by us when we buy something.

（答え：　　　　　　　　）

Quiz 1
_____
（答え：　　　　　　　　）

Quiz 2
_____
（答え：　　　　　　　　）

Quiz 3
_____
（答え：　　　　　　　　）

Step 2　Step 1 で作ったクイズをグループで出し合いましょう。

文法ポイント

(1)動詞の過去分詞を用いて，「～された…」という意味になる。

例）This is a used car.　　　これは使われた車（＝中古車）です。

This is a car used by me.　これは，私によって使われている車です。

(2)名詞を修飾するのに，1回だけ修飾するときは，名詞の（　　　　）に過去分詞を置き，2回以上修飾するときは，名詞の（　　　　）に置く。

まとめワークシート⑩

　　　　Class （　　） Number （　　） Name （　　　　　　　）

過去分詞の前置，後置修飾：～された…

　Look at the <u>broken</u> | window | .　割れている窓を見てごらん。
　　　　　　　壊された　　窓

　Look at the | window | / <u>broken by Ken</u>.
　窓を見てごらん／ケンによって割られた

問題 1 　次の文を前からスラッシュ（／）で意味をとり，日本語に訳しましょう。

① My uncle has a car / made in Italy.

（　　　　　　　　　　　　　／　　　　　　　　　　　　　　）

② Have you ever read a book / written by Natsume Soseki?

（　　　　　　　　　　　　　／　　　　　　　　　　　　　　）

③ Let's listen to the song / sung by the Beatles.

（　　　　　　　　　　　　　／　　　　　　　　　　　　　　）

④ Kinkakuji is a temple / built by Ashikaga Yoshimitsu.

（　　　　　　　　　　　　　／　　　　　　　　　　　　　　）

問題 2 　〔　　　　〕内の語を必要に応じて形を変え，対話を完成させましょう。

① A：This is _____.

　　　　　　　　　〔 a picture / take / me 〕

　B：Wow, it's a beautiful picture. Where did you take it?

② A：What is that lit up on the mountain?

　B：That's _____.

　　　　　　　　　〔 castle / build / Oda Nobunaga 〕

③ A：Is this _____? 〔 picture / draw / Miki 〕

　B：Yes, I like her works.

11 | 関係代名詞①主格 that

身に付けさせたい「知識＆技能」のポイント

　関係代名詞を主格の that から教える。人でも物でもどちらも使える「易から難へ」の原則に沿う。「クイズ」から入るのが，一番，生徒にとって関係代名詞に注意を向けるのに難しくなくできるのでよい。

　「知識及び技能」として，次の２点を押さえる。

　①関係代名詞の that は，「どういう○○かというと」と訳す。

　②主格の関係代名詞の後ろには，動詞がくる。

指導の流れと評価例（40分）

ねらい	○教師の指導／支援　●生徒の活動	留意点
目標文を聞く。	○目標文を導入する。　　　　　ワークシート ・ワークシート（p.98）を配付する。 ●３ヒントクイズに答える。（Step１） T：I'll give you some quizzes. No.1. Hint 1. This is an animal that lives in Africa. Ss：（ヒント１に答えを書く） T：Hint 2. It is a big animal that likes bananas. Ss：（ヒント２に答えを書く） T：Hint 3. It is an animal that has a long nose. Ss：あ〜。わかった。 T：Everyone, the answer is ...? Ss：elephant T：Right. ヒント１で当たった人？（Ss：手を挙げる）５点です。ヒント２？	・３ヒントクイズ方式では，早く正解した方が得点が高くなるようにする。 例）ヒント１で正解（５点），ヒント２（３点），ヒント３（１点），当たらなかったら，－１点というようにする。 ・クイズでは，動物だけでなく，人も扱うようにする。
（7分）	・点数を確認した後，第２問に移る。	

目標文の理解を図る。 （5分）	○目標文について簡単に解説する。 T：今日は，クイズでこんな文を言いました。 This is an animal that lives in Africa. 前から訳すと？　（Ss：これは動物です） T：そうですね。次に，この that は「どういう○○かというと」と訳すといいです。 板書 　　　　　　　　　動詞 This is an animal that lives in Africa. これは動物です／住んでいる アフリカに どういう動物かというと	・左記の板書に加え，This is a teacher that plays soccer. のように，人が先行詞の場合も提示しておく。 ・関係代名詞の後ろには，動詞がくることを強調する。
目標文を使ってみる。 （18分）	●3ヒントクイズをする。　　ワークシート ・3ヒントクイズを作る。（Step 2） ・グループ内でクイズを出し合う。（Step 3） ○文法ポイントを確認する。	・机間指導を行い，関係代名詞を正確に用いているか確認する。
文法のまとめをする。 （10分）	○文法のまとめを行う。　　まとめワークシート ・that を「どういう○○かというと」と訳すことに慣れさせる。関係代名詞の後ろには，動詞がくることを十分理解させる。	・板書をノートに写させる。
〔評価例〕・「まとめワークシート」で，目標文の理解と技能を確認する。		

評価

評価規準	関係代名詞 that（主格）を理解し，表現する技能を身に付けている。		
評価基準	十分満足できる（a）	概ね満足できる（b）	努力を要する（c）
	関係代名詞 that（主格）を用いて，**十分**に正しく表現している。	関係代名詞 that（主格）を用いて，**概ね**正しく表現している。	関係代名詞 that（主格）を正しく用いられていない。

ワークシート 11

関係代名詞（主格の that）

~ This is an animal that lives in water, but it does not swim. ~

Class （　　） Number （　　） Name （　　　　　　　　　　）

Step 1　3ヒントクイズに答えましょう。

	No.1	No.2	No.3	No.4
Hint 1 （5点）				
Hint 2 （3点）				
Hint 3 （1点）				

Step 2　関係代名詞の that を用いて，3ヒントクイズを作りましょう。

Hint 1
_____

Hint 2
_____

Hint 3
_____

Step 3　グループで問題を出し合いましょう。

	No.1	No.2	No.3	No.4
Hint 1 （5点）				
Hint 2 （3点）				
Hint 3 （1点）				

文法ポイント

(1)関係代名詞の that は，（　　　　　　　　　　　　　　　）と訳す。

(2)関係代名詞の that の次は，（　　　　　　　）がくる。

まとめワークシート 11

Class (　　　) Number (　　　) Name (　　　　　　　　　)

関係代名詞（主格 that）

This is an animal that lives in water.
これは動物です　　　　住んでいる　水の中に
　　　　　どういう動物かというと

I have a friend that can speak three languages.
私には友達がいます　話すことができる　３つの言語を
　　　　どういう友達かというと

問題１　次の文を前からスラッシュ（／）ごとに日本語に訳しましょう。

① This is a bird / that / cannot fly.

（　　　　　　　　　　　　　　　　　　　　　　　　　　　）

② Look at the girl /that / is wearing a blue skirt.

（　　　　　　　　　　　　　　　　　　　　　　　　　　　）

③ Kenny is our ALT / that / has lived in Japan / for a long time.

[

　　　　　　　　　　　　　　　　　　　　　　　　　　　　]

問題２　日本語に合うように，＿＿＿＿を詳しく説明する語句を＿＿＿に付け
　　　　足しましょう。

① A : What does your brother do?

　B : He works at a shop ＿＿＿＿＿＿＿＿＿＿＿＿＿＿＿＿＿＿＿.

【お店＝洋服を売っている】

② A : Who's this?

　B : He's a friend ＿＿＿＿＿＿＿＿＿＿＿＿＿＿＿＿＿＿＿＿＿.

【友達＝京都で英語を教えている】

12 | 関係代名詞②主格 who/which

身に付けさせたい「知識＆技能」のポイント

　関係代名詞はすべて，「どういう○○かというと」と訳すことができる。本時の who や which も同様に訳すとよいので，そう難しくはない。新しく学ぶことは，先行詞が人のときは who，物や動物のときは which と区別することである。「知識及び技能」で押さえたいことは，次の3点である。

　①関係代名詞の who や which は，「どういう○○かというと」と訳す。
　② who は先行詞が人のとき，which は先行詞が物や動物のときに用いる。
　③関係代名詞の後ろには，動詞がくる。

指導の流れと評価例（40分）

ねらい	○教師の指導／支援　●生徒の活動	留意点
目標文を聞く。	○目標文を導入する。　ワークシート ・ワークシート（p.102）を配付する。 ●3ヒントクイズに答える。（Step 1） T：Today, I'm going to give you quizzes too. Guess and answer them. 　Hint 1. This is an animal which lives in Africa. Ss：（ヒント1に答えを書く） T：Hint 2. It's an animal which sleeps for only 20 minutes a day. Ss：え？　20分しか寝ないの？ T：Yes. Hint 3. It is brown and yellow. It's an animal that has a long neck. 　The answer is …? Ss：giraffe	・関係代名詞 who と which を用いてクイズを聞かせる。
（7分）	T：That's right.	

目標文の理解を図る。	○目標文について簡単に解説する。	・左記の板書に加
	T：This is an animal which lives in Africa. この間と違うところはどこかな？	え，人が先行詞のwho の文も提示し，
	Ss：that でなく，which になっている。	人のときは，who
	T：そうですね。ここ（animal を指す）が，物や動物のとき，which を使うこともあります。	も用いられることを教える。
	板書 動詞	・本時でも，繰り返し，関係代名詞の後
	This is an animal which lives in Africa.	ろには，動詞がくる
	これは動物です　住んでいる アフリカに	ことを強調する。
（5分）	どういう動物かというと	
目標文を使ってみる。（18分）	●3ヒントクイズをする。 ワークシート	・タブレットで，クイズを共有し，読む
	・3ヒントクイズを作る。（Step 2 ）	ことをさせることも
	・グループ内でクイズを出し合う。（Step 3 ）	できる。
	○文法ポイントを確認する。	
文法のまとめをする。（10分）	○文法のまとめを行う。 まとめワークシート	・板書をノートに写させる。
	・who/which を「どういう○○かというと」と訳し，慣れさせる。関係代名詞の後ろには，動詞がくることを十分理解させる。	
〔評価例〕・「まとめワークシート」で，目標文の理解と技能を確認する。		

評価

評価規準	関係代名詞 who/which（主格）を理解し，表現する技能を身に付けている。		
評価基準	十分満足できる（a）	概ね満足できる（b）	努力を要する（c）
	関係代名詞 who/which を用いて，**十分に**正しく表現している。	関係代名詞 who/which を用いて，**概ね**正しく表現している。	関係代名詞 who/which を正しく用いられていない。

ワークシート12

関係代名詞（主格の who/which）

~ This is an animal which talks. I know the person who can run fast. ~

Class（　　）Number（　　）Name（　　　　　　　　）

Step 1　3ヒントクイズに答えましょう。

	No.1	No.2	No.3	No.4
Hint 1 （5点）				
Hint 2 （3点）				
Hint 3 （1点）				

Step 2　関係代名詞 who/which を用いて，3ヒントクイズを作りましょう。

Hint 1 _____

Hint 2 _____

Hint 3 _____

Step 3　グループで問題を出し合いましょう。

	No.1	No.2	No.3	No.4
Hint 1 （5点）				
Hint 2 （3点）				
Hint 3 （1点）				

文法ポイント

(1)関係代名詞の who/which は，（　　　　　　　　　　　）と訳す。

(2)関係代名詞の who/which の次は，（　　　　　　）がくる。

まとめワークシート 12

Class (　　) Number (　　) Name (　　　　　　　　)

関係代名詞（主格 who/which）

This is an animal which lives in water.
これは動物です　／　　住んでいる　水の中に
（どういう動物かというと）

Look at the student who has a ball in his hand.
生徒を見て　／　　持っている　手の中にボールを
（どういう生徒かというと）

問題 1　次の文を前からスラッシュ（／）ごとに日本語に訳しましょう。

① This is a teacher / who / teaches science.

（　　　　　　　　　　　　　　　　　　　　　　　　　）

② I like to read books / which / was written by Hoshi Shin-ichi.

[　　　　　　　　　　　　　　　　　　　　　　　　　]

③ Do you know a shop / which / sells Japanese souvenirs?

[　　　　　　　　　　　　　　　　　　　　　　　　　]

問題 2　日本語に合うように，＿＿＿＿を詳しく説明する語句を＿＿＿＿に付け
足しましょう。

① A : Where is Takeru?

B : Well ..., look! The boy ＿＿＿＿＿＿＿＿＿＿＿＿＿ is Takeru.

【男の子＝髪の毛が長い】

② A : Do you know this character?

B : Yes! It's a character ＿＿＿＿＿＿＿＿＿＿＿＿＿＿.

【キャラクター＝女の子の間で人気のある】

13 | 関係代名詞③目的格 that

身に付けさせたい「知識＆技能」のポイント

　本時は，関係代名詞の目的格を扱う。この関係代名詞も，「どういう○○かというと」と訳せる。ただし，目的格の関係代名詞の後ろには，「主語＋動詞」が続く。「知識及び技能」で押さえたいことは，次の３点である。

　①関係代名詞の that は，「どういう○○かというと」と訳す。

　②目的格の that の後ろには，「主語＋動詞」がくる。

　③目的格の that は，省略することができる。

指導の流れと評価例（40分）

ねらい	○教師の指導／支援　●生徒の活動	留意点
目標文を聞く。 （5分）	○目標文を導入する。 ・「お気に入りの〜」で Small Talk をする。 T：Do you know what this is?　　Ss：*natto* T：Yes, it's *natto*.　It's a food that I like very much.　It's healthy.　Do you have anything that you like to eat? S1：ice cream T：Yeah, I like it too. Look. This is a book I am reading.　Last summer, I went to Aomori and visit Dazai museum.　Since then, I have been reading his books.　Do you like reading books? S2：Yes.　I like reading books. ・食べ物や本，スポーツ，ユーチューバー等，話題にした後，ペアで Small Talk をさせる。 T：Let's talk about your favorite.	・生徒同士で，好きなものをテーマに話させ，本時の活動につなげられるよう，内容を十分に練っておく。 ・教師のお気に入りの物を，いくつか用意しておき，生徒に紹介する。

目標文の理解を図る。	○目標文について簡単に解説する。 T：（目標文を板書）今までと違うところは？ Ss：that の後に動詞がきていない。 T：何がきている？　　Ss：主語と動詞 T：そうですね。今日は，関係代名詞の後に「誰々が何々する」というように「主語＋動詞」がくることに留意しましょう。 板書　　　　　　　主語＋動詞 It's a food (that) I like very much. それは食べ物です 私が　好きな　とても どういう食べ物かというと （5分）	・関係代名詞のthat は省略することができることも伝える。
目標文を使ってみる。 （20分）	●お気に入りを紹介する。　　　　ワークシート ・お気に入りのものを書く。（Step 1） ・ペアでお気に入りを伝え合う。（Step 2） ○文法ポイントを確認する。	・相手意識を持たせ，相手が知りたいと思うことを1文付け足す。
文法のまとめをする。(10分)	○文法のまとめを行う。　　まとめワークシート ・ワークシートで，関係代名詞の後ろには，「主語＋動詞」がくることの理解度を確認する。	・板書をノートに写させる。
〔評価例〕・「まとめワークシート」で，目標文の理解と技能を確認する。		

評価

評価規準	関係代名詞 that（目的格）を理解し，表現する技能を身に付けている。		
評価基準	十分満足できる（a）	概ね満足できる（b）	努力を要する（c）
	関係代名詞 that（目的格）を用いて，十分に正しく表現している。	関係代名詞 that（目的格）を用いて，概ね正しく表現している。	関係代名詞 that（目的格）を正しく用いられていない。

ワークシート13

関係代名詞（目的格の that）

~ This is a game (that) I want to get. ~

Class（　）Number（　）Name（　　　　　）

Step 1　関係代名詞を用いて，自分のお気に入りのものを紹介しましょう。
また，それに関する情報を 1 つ加えましょう。

例）*Natto* is a food (that) I like the best. I eat it almost every morning.

①好きな食べ物（food that you like）

_____

_____

②よく聴く音楽（song that you listen to）

_____

_____

③好きなテレビ番組／ユーチューブ（TV program［YouTube］that you watch）

_____

_____

④欲しいもの（things that you want）

_____

_____

Step 2　友達とお気に入りのものを伝え合いましょう。

例）A : Hi, what is the food (that) you like?

　　B : Hamberger steak is the food (that) I like the best.

　　　　I like hamburger steak cooked by my father. It's good.

文法ポイント

(1)関係代名詞の目的格 that も，（　　　　　　　　　　　）と訳す。

(2)関係代名詞の目的格 that の次は，（　　　　　　　　　）がくる。

(3)関係代名詞の目的格 that は，（　　　　　　）できる。

まとめワークシート13

Class (　　) Number (　　) Name (　　　　　　　　)

関係代名詞（目的格 that）

I want to read books (　that　) Dazai wrote.
私は本を読みたいです　　　　　太宰が　書いた
　　　　　　　どういう本かというと

That is a teacher (　that　) we saw at the station.
あの人は先生です　　　　　私たちが　見た　駅で
　　　　どういう先生かというと

問題 1　次の文を前からスラッシュ（／）ごとに日本語に訳しましょう。

① What is name of the movie / that / you are going to see?

(　　　　　　　　　　　　　　　　　　　　　　　　　　　　　)

② Hokkaido is one of the places / that / I want to visit.

(　　　　　　　　　　　　　　　　　　　　　　　　　　　　　)

③ The group / that / I like / is EXILE.

(　　　　　　　　　　　　　　　　　　　　　　　　　　　　　)

問題 2　日本語に合うように，＿＿＿＿を詳しく説明する語句を＿＿＿＿に付け
　　　　足しましょう。

① A : Is this the book ＿＿＿＿＿＿＿＿＿＿＿＿＿＿＿＿＿＿＿＿＿？
　　　　　　　　　　　　　　【本＝あなたが探している】

　　B : Yes! It's the book ＿＿＿＿＿＿＿＿＿＿＿＿＿＿＿＿＿＿＿．
　　　　　　　　　　　　　　【本＝私が友達から借りた】

② A : How was your trip to Sydney?

　　B : Very good. The people ＿＿＿＿＿＿＿＿＿＿＿＿＿ were kind.
　　　　　　　　　　　　【人たち＝私が会った】

14 | 関係代名詞④目的格 who(m)/which

身に付けさせたい「知識＆技能」のポイント

本時は，関係代名詞の目的格 who(m)/which を扱う。訳し方は，「どういう○○かというと」である。主格の場合と同様に，先行詞が人のときは who(m)，物や動物のときは which を用いる。目的格の関係代名詞の後ろには，「主語＋動詞」が続く。

「知識及び技能」で押さえたいことは，次の３点である。

①**関係代名詞 who(m)や which は，「どういう○○かというと」と訳す。**

②**目的格の who(m)や which の後ろには，「主語＋動詞」がくる。**

③**目的格の who(m)や which は，省略することができる。**

指導の流れと評価例（40分）

ねらい	○教師の指導／支援　●生徒の活動	留意点
目標文を聞く。	○目標文を導入する。 ・Jeopardy Quiz を出す。 |	place	history	anime	animal | | 10 |			| | 20 |			| ――＜やり方＞―― ①グループで順番に問題を選ぶ。 　例）S：Anime 20 points. ②教師が問題を読み上げる。 ③すべてのグループが答える。 ④正解したグループに，点を与える。選んだグループには２倍の得点を与える。 T：Let's play Jeopardy Quiz. 　What do you choose, Group 1? S1：History 30 points.	・グループごとに答えさせるときには，代表者に，タブレットの白いページ（プレゼンソフト等）に答えを書かせて，答えがみんなに見える状態にする。 ・答えるときは，グループごとにタブレットに書いた答えをみんなに見せ，発表させていく。

（5分）	T: O.K. This is the castle which Oda Nobunaga built in Shiga in 1579. ・答え合わせを行い，ポイントを与える。	
目標文の 理解を図 る。 （5分）	○目標文について簡単に解説する。 T：前回は，that でしたが，今日は，物や動物なら？（Ss：which）人なら？（Ss：who）そうですね。または whom を使います。 　板書　　　　どういう城かというと 　This is the castle (which) 　　Oda Nobunaga built in Shiga in 1579.	・関係代名詞の who(m)/which は省略することができることも伝える。 ・人を扱った文も板書する。 例）This is a teach who(m) we like.
目標文を 使ってみ る。 （20分）	●クイズを出し合う。　　　　ワークシート ・クイズを作る。（Step 1） ・友達とクイズを出し合う。（Step 2） ○文法ポイントを確認する。	・グループで良問を選ばせ，みんなに問題を出すのでもよい。
文法のま とめをす る。(10分)	○文法のまとめを行う。　　まとめワークシート ・人のときは，who(m)，物や動物等のときは which を用いることを確認する。	・板書をノートに写させる。
〔評価例〕・「まとめワークシート」で，目標文の理解と技能を確認する。		

評価

評価規準	関係代名詞 who(m)/which（目的格）を理解し，表現する技能を身に付けている。		
評価基準	十分満足できる（a）	概ね満足できる（b）	努力を要する（c）
	関係代名詞 who(m)/which（目的格）を用いて，**十分に**正しく表現している。	関係代名詞 who(m)/which（目的格）を用いて，**概ね**正しく表現している。	関係代名詞 who(m)/which（目的格）を正しく用いられていない。

ワークシート14

関係代名詞（目的格の who(m)/ which）

~ This is a teacher (who) many people like. ~

Class（　）Number（　）Name（　　　　　　）

Step 1　関係代名詞を用いて, 英語クイズを作りましょう。

① place（場所）　　② history（歴史）　　③ anime（アニメ）
④ animal（動物）　　⑤ sport（スポーツ）　　⑥ others（その他）

例）③ This is an anime <u>which</u> we watch on Sunday evening.

There are 6 people in her family.（答え：　　　　　　）

⑥ This is the person <u>whom</u> we see on the new 10,000 bill.

（答え：　　　　　　）

Quiz 1 _____

_____

_____

（答え：　　　　　　）

Quiz 2 _____

_____

_____

（答え：　　　　　　）

Step 2　友達とクイズを出し合いましょう。

例）A：I'll give you a quiz. This is a fruit (which) monkeys like.

B：banana

A：That's right!

文法ポイント

(1)関係代名詞の目的格 who(m)/which も,（　　　　　　　）と訳す。

(2)関係代名詞の目的格 who(m)/which の次は,（　　　　　　　）がくる。

(3)関係代名詞の目的格 who(m)/which は,（　　　　　　）できる。

まとめワークシート14

Class (　　) Number (　　) Name (　　　　　　　)

関係代名詞（目的格 who(m)/which）

Doraemon is an anime (　which　) I liked when I was a child.

ドラえもんはアニメです　　　　私が好きだった　私が子どもの頃

どういうアニメかというと

The person (　who(m)　) you were talking to was my teacher.

人　　　　　　　あなたが　話していた　私の先生です

どういう人かというと

問題１　次の文を前からスラッシュ（／）ごとに日本語に訳しましょう。

① This is the watch / which / my brother bought / for me.

(　　　　　　　　　　　　　　　　　　　　　　　　　　　　)

② Mr. Tanaka is a teacher / who(m) / I respect.

(　　　　　　　　　　　　　　　　　　　　　　　　　　　　)

③ Please tell me the hotel / you stayed at / last night.

(　　　　　　　　　　　　　　　　　　　　　　　　　　　　)

問題２　日本語に合うように，＿＿＿＿を詳しく説明する語句を＿＿＿＿に付け
足しましょう。

① A : You have a nice computer. Could you tell me where you got it?

　　I want to buy the same computer ＿＿＿＿＿＿＿＿＿＿＿＿＿＿＿＿＿.

　　　　　　　　　　　　　　　【コンピュータ＝あなたが買った】

　B : Sure. I bought it at the ABC store.

② A : Who was invited at the party?

　B : Well, students ＿＿＿＿＿＿＿＿＿＿＿＿＿＿＿＿＿＿ were invited.

　　　　　　　　　【生徒＝ Ms. Sato が教えた】

15 | 原形不定詞
make/help/let ＋人など＋動詞の原形

　原形不定詞は，今回の学習指導要領で登場した新規の文法事項になる。「make/help/let ＋人など＋動詞の原形」で，「人などに～させる／手伝う」などの意味を表す。「知識及び技能」として，次の３点を押さえる。

- ① 「make ＋人など＋動詞の原形」で，「人などに（強制的に）～させる」となる。
- ② 「help ＋人など＋動詞の原形」で，「人などに～を手伝ってもらう」となる。
- ③ 「let ＋人など＋動詞の原形」で，「人などに～させる」となる。

指導の流れと評価例（40分）

ねらい	○教師の指導／支援　●生徒の活動	留意点
目標文を聞く。 （5分）	○目標文を導入する。 ・スキットを提示し，生徒に音読させる。 A：Please help me. I can't open this. B：What? A：Can you help me open this? B：O.K. Let me try. Mmmm, I can't. A：What shall I do? B：I have an idea. I'll call Taku. 　　I'll make him open this. C：（走って来る）Let me open this. 　　Mmmm, ... B：Wow, you made it! ・場面を想像させる。 ●３人組を作り，その場面で演じる。	・場面は知らせず，音読させる。 ・その後，「これはどんな場面でしょうか」と尋ね，場面を想像させる。 例）トイレのドアが開かない／缶が開けられない／金庫が開けられない等 ・思った場面で生徒に演じさせる。

目標文の理解を図る。	○目標文について簡単に解説する。 T：今日は，help＋人など＋動詞の原形で，「人などに～を手伝ってもらう」という文や，let＋人など＋動詞の原形，make＋人など＋動詞の原形の文を勉強します。前に学習した，want の場合は，動詞の前に to を入れていましたが，今回は，to がありません。人の次に動詞の原形がきます。 板書 　　I want you to open this. Please help me open this. 　　　help＋人＋動詞の原形 Let me try. I'll make him open.	・既習事項と比較することで，本時の学習ポイントの見える化を図る。 ・make は「強制的に～させる」という意味であることや，let は，「自由に・本人の意志で～させる」という意味の違いも伝えておく。
（5分）		
目標文を使ってみる。 （20分）	●スキットを演じる。　　　ワークシート ・スキット文を作る。（Step 1） ・友達とスキットを演じる。（Step 2） ○文法ポイントを確認する。	・友達と自分のどちらかのスキットを選び，演じさせる。
文法のまとめをする。(10分)	○文法のまとめを行う。　まとめワークシート ・「使役動詞＋人など＋動詞の原形」の文構造が理解できているかどうか確認する。	・状況に応じた英文が作れるようにする。

〔評価例〕・「まとめワークシート」で，目標文の理解と技能を確認する。

評価

評価規準	原形不定詞の文構造を理解し，表現する技能を身に付けている。		
評価基準	十分満足できる（a）	概ね満足できる（b）	努力を要する（c）
	原形不定詞を用いて，**十分**に正しく表現している。	原形不定詞を用いて，**概ね**正しく表現している。	原形不定詞を正しく用いられていない。

ワークシート15

原形不定詞

~ Can you help me carry this box? Let me eat ice cream. ~

Class （　　）Number （　　）Name （　　　　　　　）

Step 1　途中にある Can you help me ... につながるようにスキット文を作りましょう。

A :＿＿＿＿＿＿＿＿＿＿＿＿＿＿＿＿＿＿＿＿＿＿＿＿＿＿＿＿＿

B :＿＿＿＿＿＿＿＿＿＿＿＿＿＿＿＿＿＿＿＿＿＿＿＿＿＿＿＿＿

A : Can you help me （＿＿＿＿＿＿＿＿＿＿＿＿＿＿＿＿＿）?

B :＿＿＿＿＿＿＿＿＿＿＿＿＿＿＿＿＿＿＿＿＿＿＿＿＿＿＿＿＿

A :＿＿＿＿＿＿＿＿＿＿＿＿＿＿＿＿＿＿＿＿＿＿＿＿＿＿＿＿＿

B :＿＿＿＿＿＿＿＿＿＿＿＿＿＿＿＿＿＿＿＿＿＿＿＿＿＿＿＿＿

A :＿＿＿＿＿＿＿＿＿＿＿＿＿＿＿＿＿＿＿＿＿＿＿＿＿＿＿＿＿

B :＿＿＿＿＿＿＿＿＿＿＿＿＿＿＿＿＿＿＿＿＿＿＿＿＿＿＿＿＿

Step 2　スキットを友達と演じてみましょう。

文法ポイント

(1) make ＋人など＋動詞の原形は，「人などに，（強制的に）～（　　　　）」
　　という意味である。

(2) help ＋人など＋動詞の原形は，「人などに，～するのを（　　　　）」
　　という意味である。

(3) let ＋人など＋動詞の原形は，「人などに，（本人の意志で）～（　　　　）」
　　という意味である。

まとめワークシート15

Class (　　　) Number (　　) Name (　　　　　　　　)

原形不定詞（make/let/help）

Ms. Sato ｜made｜ him clean this room.　佐藤先生は彼にこの部屋を掃除させた。

｜Let｜ me do it.　　　　　　　　　　　私にやらせて。

Can you ｜help｜ me carry this box?　　この箱を運ぶのを手伝ってもらえますか。

＊ make/let/help ＋人など＋動詞の原形になる。

問題１　日本語に合うように，＿＿＿＿に適語を入れましょう。

①田中先生は，私たちを10周も走らせた。

　Mr. Tanaka ＿＿＿＿＿ ＿＿＿＿＿ ＿＿＿＿＿ 10 laps.

②私の両親は，姉を海外に行かせてあげた。

　My parents ＿＿＿＿ ＿＿＿＿ ＿＿＿＿＿＿＿ ＿＿＿＿ abroad.

③タクは，私が宿題をするのを手伝ってくれた。

　Taku ＿＿＿＿＿ ＿＿＿＿ ＿＿＿＿ my homework.

問題２　〔　　　　〕内の語を用いて，対話を完成させましょう。

　　　　なお，文頭にくる語は，大文字で書き始めましょう。

① A : I want to move this desk, but it is too heavy.

　　＿＿＿＿＿＿＿＿＿＿＿＿＿＿＿＿＿＿＿＿＿？〔 help / move 〕

　B : Sure. ＿＿＿＿＿＿＿＿＿＿＿＿＿＿＿＿＿＿.〔 let / help 〕

② A : Taku, can you came and help me?

　B : Sure, but ＿＿＿＿＿＿＿＿＿＿＿＿＿＿ the dishes first.

　　　　　　　　〔 let / finish 〕

③ A : Oh, has Ken cleaned this room?

　B : I think so, but it's dirty. I'll ＿＿＿＿＿＿＿＿＿＿＿＿ it.

　　　　　　　　　〔 make / him 〕

16 | 仮定法① if ...

　仮定法は，学習指導要領で新規に登場した文法事項で，基本的なものを扱うこととなっている。主に，仮定法過去を扱う。ポイントは，「現在のこと」で，「現実にはありえないこと／実現しそうもないこと」の場合に使用する。「知識及び技能」として，次の2点を押さえる。

①**仮定法過去は，「現在のこと」で，「現実にはありえないこと／実現しそうもないこと」の場合に用いる。**

②**if 節や主節の動詞は共に，過去形を使用する。**

指導の流れと評価例（40分）

ねらい	○教師の指導／支援　●生徒の活動	留意点
目標文を聞く。 （5分）	○目標文を導入する。 T：What dreams do you have? I have many things to do. If I have free time, I read books. I go to *onsen*, make bread, or relax. I also like traveling, so I visit many countries. My biggest dream is a world tour on a cruise trip.（写真を見せる）If I had a lot of money, I would join the tour. But you know, it's too expensive. It costs 3 million yen. I need to save money.	・「実際にはないけれど，もしあれば，〜したい」という教師の本当の願いを語る。 ・教師の話の後，生徒同士で，Dream について Small Talk させてもよい。
目標文の理解を図る。	○目標文について簡単に解説する。 T：今，先生は，こんな文を言いました。 　If I have free time, I read books. これって，どういう意味？ Ss：もし自由な時間があれば，私は本を読む。 T：そうですね。もう1つ，If I had a lot of	・仮定法の意味として，「現実にはありえないこと」や「実現しそうもないこと」に使うことを生徒に伝える。

	money, I would join the tour. どう違う？ S1：上は have で，下が had になっている。 T：よく気付いたね。過去形になっていると，「現実にはありえないこと」や「実現しそうもないこと」を言う意味になります。こちらも過去形 would が使われていますね。 板書 If I **have** free time, I read books. If I **had** a lot of money, I **would** join the tour.	・直接法と比較し，意味の違いに気付かせるようにする。
（5分）		
目標文を使ってみる。 （20分）	●100万ドルあったらどうするか考える。 ワークシート ・歌を聴く。（Step 1） ・自分の考えを書く。（Step 1） ・友達と尋ね合う。（Step 2）	・歌詞カードを配付し，作者の思いを読み取らせる。
文法のまとめをする。(10分)	○文法のまとめを行う。　まとめワークシート ・仮定法過去のポイントを板書する。 ●まとめワークシートを行う。	・板書をノートに写させる。
〔評価例〕・「まとめワークシート」で，目標文の理解と技能を確認する。		

評価

評価規準	仮定法過去を理解し，表現する技能を身に付けている。		
評価基準	十分満足できる（a）	概ね満足できる（b）	努力を要する（c）
	仮定法過去を用いて，**十分**に正しく表現している。	仮定法過去を用いて，**概ね**正しく表現している。	仮定法過去を正しく用いられていない。

ワークシート16
仮定法過去①：もし～なら，○○するだろう
~ If I had a lot of money, I would go on a cruise trip. ~
Class （　　） Number （　　） Name （　　　　　　　　）

Step 1 　英語の歌「If I Had A Million Dollars」を聴いてみましょう。
①もし100万ドルあったら，作者は何をする…と言っていますか。

②グループになり，①で書いたことを交流しましょう。
③あなたなら，どうしますか。書いてみましょう。

　例）If I had a million dollars, I would have a second house in Hawaii.

Step 2 　友達の考えを尋ねましょう。
例）A : If you had a million dollars, what would you do?
　　B : If I had a million dollars, I would donate money to help children
　　　 in Africa.
　　　 I want to work for them.

文法ポイント
(1)現在のことで，「現実にはありえないこと」や「（　　　　　　　　）しそうもない
　 こと」には，仮定法過去を用いる。
(2)動詞は，（　　　　　　　　）を用いる。

まとめワークシート16

Class （　　　） Number （　　　） Name （　　　　　　　　　　）

仮定法過去①：もし…なら，〜するだろう

If I have free time, I will go to a hot spring. →実現可能

（もし自由な時間があれば，私は温泉に行くでしょう）

If I had a lot of money, I would visit many countries. →実現困難

（もしたくさんお金があれば，私は多くの国を訪れるのになあ）

If I were rich, I could visit many countries.

（もし私がお金持ちだったら，たくさんの国に行くことができるのになあ）

＊主語が I でも，were を使う。（最近では was も使う）

＊ if 節と主節は，入れ替えることができる。

問題1　日本語に合うように，＿＿＿＿に適語を入れましょう。

①もし私が彼女の電話番号を知っていたら，電話できるのに。

＿＿＿ I ＿＿＿＿＿ her phone number, I ＿＿＿＿＿ call her.

②もし，私たちがここに住んでいたら，車が必要でしょう。

＿＿＿ we ＿＿＿＿＿ here, we ＿＿＿＿＿ need a car.

③もし，私があなたなら，私はそこに行かないでしょう。

＿＿＿ I ＿＿＿＿ you, I ＿＿＿＿＿ ＿＿＿＿＿ go there.

問題2　上と下の文が同じ意味になるように，＿＿＿＿に適語を入れましょう。

① I don't have enough money, so I cannot buy the computer.

＿＿＿ I ＿＿＿＿ much money with me, I ＿＿＿＿ buy the computer.

② I am not good at cooking, so I cannot cook dinner.

＿＿＿ I ＿＿＿＿ good at cooking, I ＿＿＿＿ cook dinner.

③ It is raining. I cannot go camping.

＿＿＿ it ＿＿＿＿＿ raining, I ＿＿＿＿ go camping.

17 | 仮定法② I wish I ...

身に付けさせたい「知識＆技能」のポイント

　仮定法過去の用法では，if 節を伴うものの他に，「主語＋ wish(es)＋主語＋（助）動詞の過去形」がある。現在のことで，「現実にはありえないこと／実現しそうもないこと」への願望を表す。

　「知識及び技能」として，次の2点を押さえる。

① 「現実にはありえないこと／実現しそうもないこと」への願望を表すとき，「主語＋ wish(es)＋主語＋（助）動詞の過去形」を用いる。

② 「～だったらいいのになあ」という意味になる。

指導の流れと評価例（35分）

ねらい	○教師の指導／支援　●生徒の活動	留意点
目標文を聞く。 （2分）	○目標文を導入する。 ・ドラえもんのどこでもドアを用いて，「どこでもドアがあればなあ」と導入する。 T：This is my friend. He often posts on SNS, and I can see his pictures. Look.（写真を見せる）He is in Sydney now. He's having dinner. Those dishes look delicious. I want to go there too. 　This is Doraemon. I wish I had a どこでもドア. If I had どこでもドア, I could visit him and have dinner.	・ＳＮＳでは，私の友人が旅行している写真や食事をしている写真を度々目にする。それらを見せて，「どこでもドアがあればなあ」と生徒に切り出す。
目標文の理解を図る。	○目標文について簡単に解説する。 T：今日も，「現実にはありえないこと／実現しそうもないこと」で，「～だったらいいのになあ」という意味の文を勉強します。	・簡単に説明した後に，教科書に出ている練習問題で，I wish I ... の表現を作

（3分）	・目標文を板書し，説明する。 T：「～だったらいいな」と言うときは，I wish。 Iの後ろに，過去形を持ってきます。 板書 I wish I had a どこでもドア． I wish I could run fast. I wish I were rich.	らせたりする。 ・教科書にない場合は，いくつか例を挙げながら，生徒に文を作らせるようにしたい。
目標文を使ってみる。 （20分）	●I wish を用い対話文を作る。　ワークシート ・ドラえもんの道具であるといいなあと思うものを書く。（Step 1） ・Step 1で書いたものを友達とやり取りする。 （Step 2） ○文法ポイントを確認する。	・タブレットで，ドラえもんの道具を調べさせてもよい。
文法のまとめをする。 （10分）	○文法のまとめを行う。　まとめワークシート ・I wish の後ろに過去形がくることの理解度を確認する。 ・状況に合わせた英文を作成する。	・板書をノートに写させる。
〔評価例〕・「まとめワークシート」で，目標文の理解と技能を確認する。		

評価

評価規準	I wish を用いた仮定法を理解し，表現する技能を身に付けている。		
評価基準	十分満足できる（a）	概ね満足できる（b）	努力を要する（c）
	I wish を用いた仮定法を用いて，**十分に**正しく表現している。	I wish を用いた仮定法を用いて，**概ね**正しく表現している。	I wish を用いた仮定法を正しく用いられていない。

ワークシート17

仮定法過去②：～だったらいいのになあ

~ I wish I could speak Italian. I wish I were rich. ~

Class (　　) Number (　　) Name (　　　　　　　　)

Step 1 ドラえもんの道具で使いたいものを選び，「～があればいいのにな
あ」と言いましょう。すると「なぜですか？」と尋ねますので，
「もし～があれば…できるのに」という文を書きましょう。

例) A：I wish I had a どこでもドア.

　　B：Why?

　　A：If I had a どこでもドア, I could go anywhere.

① A：

　　　_____

　　B：Why?

　　A：

　　　_____

② A：

　　　_____

　　B：Why?

　　A：

　　　_____

Step 2 Step 1 で書いたことをもとに，友達と伝え合ってみましょう。

文法ポイント

(1)「現実にはありえないこと／実現しそうもないこと」への願望を表すとき，
　　主語＋wish(es)＋主語＋（助）動詞の（　　　　　　　　　）を用いる。

(2)意味は，「～（　　　　　　　　　　　　　）」となる。

まとめワークシート⑰

Class (　　) Number (　　) Name (　　　　　　　　　)

仮定法過去②：～だったらいいのになあ

I wish I 〔had〕 a lot of money. 　　　お金がたくさんあったらいいのになあ。

I wish I 〔could〕 sing songs well. 　　歌を上手に歌えたらいいのになあ。

I wish I 〔were〕 good at basketball. 　　バスケがうまければいいのになあ。

＊「I wish I ＋（助）動詞の過去形」になる。

問題１　日本語に合うように，＿＿＿＿＿に適語を入れましょう。

①自由な時間がたくさんあるといいのになあ。

　I wish I ＿＿＿＿＿＿＿＿＿ a lot of free time.

②海外に英語留学に行けたらなあ。

　I wish I ＿＿＿＿＿＿＿＿＿ ＿＿＿＿＿＿＿ abroad to study English.

③沖縄にいればなあ。君に会えるのに。

　I wish I ＿＿＿＿＿＿＿＿＿ in Okinawa. I can see you.

問題２　次の問題文を参考に，「～だったらいいのになあ」という文を＿＿＿＿
　　　　に書きましょう。

① I don't have many friends.

　I wish ＿＿＿＿＿＿＿＿＿＿＿＿＿＿＿＿＿＿＿＿＿＿＿＿＿＿＿＿＿.

② I am not good at cooking.

　I wish ＿＿＿＿＿＿＿＿＿＿＿＿＿＿＿＿＿＿＿＿＿＿＿＿＿＿＿＿＿.

③ I cannot go to the concert.

　I wish ＿＿＿＿＿＿＿＿＿＿＿＿＿＿＿＿＿＿＿＿＿＿＿＿＿＿＿＿＿.

124

p.58 1 文法ポイント

(1)完了 (2)just (3)already

(4)I've

p.59 1 まとめワークシート

問題 ① have just washed ② have already done it ③ has (already) left ④ has gone

p.62 2 文法ポイント

(1)have / has / もう

(2)haven't / hasn't / まだ

p.63 2 まとめワークシート

問題 I ① Have / cleaned / yet / have ② Has / made / yet ③ haven't / read / yet

問題 2 ① Have you done your homework yet / has already done her homework ② has gone to the U.S. / haven't given him a present

p.66 3 文法ポイント

(1)過去分詞 (2)once / twice / five times / a few times [several times] / many times (3)ever / never

p.67 3 まとめワークシート

問題 I ① I have read the book many times ② Have you seen a shooting star ③ I haven't been to USJ [I have never been to USJ]

問題 2 ① have climbed / twice

② Have / ever / eaten ③ hasn't / been to ④ has been abroad / times

p.70 4 文法ポイント

(1)have/has / 過去分詞 (2)for / since

p.71 4 まとめワークシート

問題 I ① for ② since ③ for ④ since ⑤ since

問題 2 ① has lived [been] / for ② has been / since ③ have known / for

④ have had / since

⑤ have played / since

p.74 5 文法ポイント

(1)have/has (2)not

p.75 5 まとめワークシート

問題 I ① Have / since ② haven't

問題 2 ① How long have you been a teacher ② hasn't drunk

p.78 6 文法ポイント

(1)I've / she's (2)have/has / have/has

p.79 6 まとめワークシート

問題 I ① I have been playing video games since this morning ② My sister has been studying French for one year ③ It has been raining since last Tuesday ④ I haven't been reading comic books since last month ⑤ Has he been studying Japanese for a long time

ワークシートの解答 7 ～ 11

問題2 ① has been studying（in the library）② have you been playing

p.82 7 文法ポイント

(1) tell / show

p.83 7 まとめワークシート

問題1 ① Mr. Sato tells us（that）we should be careful of wild animals

② Kenny told me（that）I should clean my room

③ The music shows us（that）we should start eating lunch

問題2 ① told us（that）we should not eat ② told us（that）we should be kind ③ shows us（that）there are monkeys

p.86 8 文法ポイント

(1) 主語／動詞

p.87 8 まとめワークシート

問題1 ① who this is ② when Taku's birthday is ③ where you were ④ what I said ⑤ how you went

問題2 ① where ［when］ you lost it ② where you bought it

p.90 9 文法ポイント

(1) 前／後ろ

p.91 9 まとめワークシート

問題1 ① Look at the sleeping man ② The boy reading a book ③ The

---

woman wearing glasses is my teacher

問題2 ① the boy standing ② the girl dancing ③ The boy talking with Miki

p.94 10 文法ポイント

(2) 前／後ろ

p.95 10 まとめワークシート

問題1 ①私の叔父は車を持っています／イタリアで作られた ②あなたは本を読んだことがありますか／夏目漱石によって書かれた ③歌を聴きましょう／ビートルズによって歌われた ④金閣寺はお寺です／足利義満によって建てられた

問題2 ① a picture taken by me ② a castle built by Oda Nobunaga ③ a picture drawn by Miki

p.98 11 文法ポイント

(1) どういう～かというと (2) 動詞

p.99 11 まとめワークシート

問題1 ①これは鳥です／どういう鳥かというと／飛ぶことができない ②女の子を見て／どういう女の子かというと／青いスカートをはいている ③ケニーは私たちの ALT です／どういう ALT かというと／日本に住んでいる／長い間

問題2 ① that sells clothes ② that

126

ワークシートの解答 12 ～ 16

teaches English in Kyoto

p.102 12 文法ポイント

(1)どういう～かというと (2)動詞

p.103 12 まとめワークシート

問題 1 ①この人は先生です／どうい
う先生かというと／理科を教えている
②私は本を読むことが好きです／どう
いう本かというと／星新一によって書
かれた ③あなたはお店を知っています
か／どういう店かというと／日本のお
土産を売っている

問題 2 ① who has long hair

② which is popular among girls

p.106 13 文法ポイント

(1)どういう～かというと

(2)主語＋動詞 (3)省略

p.107 13 まとめワークシート

問題 1 ①その映画の名前は何ですか
／どういう映画かというと／あなたが
観に行く ②北海道は場所の１つです／
どういう場所かというと／私が訪れた
い ③そのグループ／どういうグループ
かというと／私が好きな／EXILE です

問題 2 ① （that) you are finding ／
(that) I borrowed from my friend

② （that) I met

p.110 14 文法ポイント

(1)どういう～かというと

(2)主語＋動詞 (3)省略

p.111 14 まとめワークシート

問題 1 ①これは腕時計です／どうい
う腕時計かというと／私の兄が買った
／私のために ②田中さんは，先生です
／どういう先生かというと／私が尊敬
する ③私にホテルを教えてください／
あなたが泊まった／昨夜

問題 2 ① （which) you bought

② （who[whom]) Ms. Sato taught

p.114 15 文法ポイント

(1)させる (2)手伝ってもらう

(3)させる

p.115 15 まとめワークシート

問題 1 ① made us run

② let my sister go ③ helped me do

問題 2 ① Can you help me move this
desk / Let me help you ② let me finish

③ make him clean

p.118 16 文法ポイント

(1)実現 (2)過去形

p.119 16 まとめワークシート

問題 1 ① If / knew / would

② If / lived / would

③ If / were [was] / would not

問題 2 ① If / had / could

② If / were [was] / could

③ If / weren't [wasn't] / could

ワークシートの解答17

p.122 17 文法ポイント

(1)過去形　(2)だったらいいのになあ

p.123 17 まとめワークシート

問題 I　① had　② could go

③ were ［was］

問題2　① I had many friends

② I were ［was］ good at cooking

③ I could go to the concert

「単語の活用形」
ワーク

付録ワークシート 1

名詞の複数形（数えられる名詞）

Class（　　）Number（　　）Name（　　　　　　　　　）

●数えられる名詞には, s または, es をつける。

s, es のつけ方

① そのままつける。

　例）apple →（　　　　　　　　）　　cup →（　　　　　　　　）

②「子音＋y」で終わる語は, y を i に変えて, es をつける。

　例）city →（　　　　　　　　）　　country →（　　　　　　　　）

　　注意　「母音＋y」は, そのまま s をつける。

　　例）boy → boys　　day → days

③「o, s, sh, ch, x」で終わる語は, es をつける。

　例）potato →（　　　　　　　　）　　bus →（　　　　　　　　）

　　　dish →（　　　　　　　　）　　peach →（　　　　　　　　）

　　　box →（　　　　　　　　）

　　例外　zoo（動物園）→ zoos　　＊「oo で終わる語」は, s をつける。

　　　　　stoma<u>ch</u>（胃）→ stomachs　　＊ ch が /k/ の音は, s をつける。

④「f または fe」で終わる語は, f/fe を, v に変えて, es をつける。

　例）leaf →（　　　　　　　　）　　knife →（　　　　　　　　）

　　例外　roof（屋根）→ roofs　　belief（信念）→ beliefs

問題 1　（　　　　）内の語を適切な形にして, ＿＿＿＿に書きましょう。

① We lost three tennis（ ball ）in the park.　＿＿＿＿＿＿＿＿＿＿

② Look at those（ baby ）by the door.　＿＿＿＿＿＿＿＿＿＿

③ I saw some（ fox ）on the road last night.　＿＿＿＿＿＿＿＿＿＿

④ Mr. Sato taught six（ class ）today.　＿＿＿＿＿＿＿＿＿＿

⑤ There are a few（ wolf ）near the school gate.　＿＿＿＿＿＿＿＿＿＿

●s や es がつかず，形が変わる名詞もあるよ。　不規則に変化する名詞

① child（子ども）　　→（　　　　　　　　　）

② man（男の人・人）　→（　　　　　　　　　）

③ woman（女の人）　→（　　　　　　　　　）

④ tooth（歯）　　　　→（　　　　　　　　　）

⑤ foot（足）　　　　→（　　　　　　　　　）

⑥ mouse（ネズミ）　→（　　　　　　　　　）

●単数形と複数形が同じ形の名詞もあるよ。　単複同形

① sheep（羊）→ sheep　　　　　　例）I saw some sheep in the mountain.

② carp（鯉）→ carp　　　　　　　例）The carp are so beautiful.

③ deer（鹿）→ deer　　　　　　　例）There are many deer in the park.

④ reindeer（トナカイ）→ reindeer　例）Santa Claus has 9 reindeer.

問題2 　（　　　）内の語が正しい場合は，＿＿＿＿＿＿＿に〇を，間違っていれ
ば，＿＿＿＿＿＿＿に適切な語を書きましょう。

① Ms. Yamada has four（child）.　　　＿＿＿＿＿＿＿＿＿＿

② I still have three baby（tooth）.　　＿＿＿＿＿＿＿＿＿＿

③ Doraemon hates（mouse）.　　　　＿＿＿＿＿＿＿＿＿＿

④ You see many（woman）over there.　＿＿＿＿＿＿＿＿＿＿

⑤ I went fishing yesterday, and I caught ten（fish）.　＿＿＿＿＿＿＿＿＿＿

問題3 　（　　　）内の語を適切な形にして，＿＿＿に書きましょう。

① When I was in Australia, I saw many（kangaroo）.　＿＿＿＿＿＿＿＿

② There are 13 girls and 12（boy）in my class.　＿＿＿＿＿＿＿＿

③ Can you take my（key）to the car?　　＿＿＿＿＿＿＿＿

④ Look!　My father has many（watch）.　＿＿＿＿＿＿＿＿

⑤ How many（tomato）did you buy yesterday?　＿＿＿＿＿＿＿＿

132

付録ワークシート 2
名詞の複数形（数えられない名詞）
Class（　　）Number（　　）Name（　　　　　　　）

数えられない名詞とは？
●いくつかに分解しても，そのものの性質が変わらないもの
　英語には，「数えられる名詞」（可算名詞）と，「数えられない名詞」（不可算名詞）があります。「数えられる名詞」は，「形」として存在し，2つに分けたり，細かくしたりすると，その物の存在がなくなるものを指します。例えば，「机」は，2つに壊すと，その物の役割がなくなります。一方，「チョーク」のように，2つに割っても，チョークはチョークで，その性質は変わらず，使用可能です。細かくしても性質が変わらないものは「数えられない名詞」となります。
　例）I want some chalk.　← some で複数でも，chalk は複数形にしない。
●「形」が存在しないもの
　「宿題（homework）」や「お金（money）」等は，そのものの形がよくわかりません。「宿題」という姿はありませんし，「お金」も，硬貨（coin）なら形がありますが，「お金」と言っても，その物の「形」がわかりません。このように，「形」として存在しないものも，不可算名詞となります。
　例）I want much money.　←たくさんのお金は，many でなく much を使う。
　　　I have a lot of homework.　← homework は複数形にしない。

問題 1　　可算名詞には A, 不可算名詞には B と，＿＿＿に書きましょう。
① ball（ボール）＿＿＿＿＿　② milk（牛乳）　＿＿＿＿＿
③ time（時間）＿＿＿＿＿　④ train（電車）　＿＿＿＿＿
⑤ snow（雪）＿＿＿＿＿　⑥ sugar（砂糖）　＿＿＿＿＿
⑦ paper（紙）＿＿＿＿＿　⑧ meat（肉）　＿＿＿＿＿
⑨ bread（パン）＿＿＿＿＿　⑩ information（情報）＿＿＿＿＿

数えられない名詞（不可算名詞）を数えるとき

●おおよその量を示す場合

	数えられる名詞 （可算名詞）	数えられない名詞 （不可算名詞）
少しの	a few ～	a little ～
いくつかの	some	
たくさんの	many	much
	a lot of ～	

例）I have <u>some</u> friends.　　I have <u>some</u> money today.

　　　　可算名詞：複数になる　　不可算名詞：複数にしない

●具体的に数を伝える場合

① a piece of ～：ひとかけらの　　例）a piece of paper（紙 1 枚）

② a cup of ～：コップで 1 杯　　例）two cups of tea（紅茶 2 杯）

③ a glass of ～：グラスで 1 杯　　例）five glasses of milk（牛乳 5 杯）

④ a slice of ～：スライス 1 枚　　例）a slice of ham（ハム一切れ）

⑤ a sheet of ～：1 枚　　　　　例）two sheets of paper（紙 2 枚）

⑥ a can of ～：1 缶　　　　　　例）two cans of beer（ビール 2 缶）

⑦ a bottle of ～：ビンで 1 本　　例）a bottle of shampoo（シャンプー 1 本）

問題2　日本語に合うように，（　　　　）に適語を入れましょう。

①パン 2 枚ください。　　　　　Can I have two （　　　　　　） of bread?

②ピザ，何枚食べる？　　　　　How many （　　　　　　） of pizza would you like?

③私は毎日コーヒーを 5 杯飲む。I drink five （　　　　） of coffee every day.

④タクはケーキを 5 つも食べた。Taku ate five （　　　　　　） of cake.

⑤ジュースもう 1 杯飲む？　　　Would you like another （　　　　　） of juice?

⑥いくつかアドバイスもらえますか。Give me （　　　　） advice?

⑦5 つアドバイスをもらった。　I got five （　　　　　） of advice.

付録ワークシート 3

３人称単数現在形

Class（　　）Number（　　）Name（　　　　　　　）

３人称単数現在形とは？

●主語が３人称（he, she, it, 固有名詞等）のとき，動詞に s, es をつける。

s, es のつけ方

①そのままつける。

　例）play　→（　　　　　　　　）

②「子音＋ y」で終わる語は，y を i に変えて，es をつける。

　例）study →（　　　　　　　）　　fly →（　　　　　　　　）

③「o, s, sh, ch, x」で終わる語は，es をつける。

　例）go　　→（　　　　　　　）　　pass →（　　　　　　　）

　　push →（　　　　　　　）　　teach →（　　　　　　　）

　　fix　　→（　　　　　　　）

　例外　have →（　　　　　　　）

問題 1　次の動詞の３人称単数現在形を＿＿＿に書きましょう。

① eat（食べる）　＿＿＿＿＿＿　② drink（飲む）　＿＿＿＿＿＿

③ try（試す）　＿＿＿＿＿＿　④ finish（終える）　＿＿＿＿＿＿

⑤ watch（見る）　＿＿＿＿＿＿　⑥ mix（混ぜる）　＿＿＿＿＿＿

⑦ make（作る）　＿＿＿＿＿＿　⑧ miss（見逃す）　＿＿＿＿＿＿

問題 2　（　　　）内の語を適切な形にして，＿＿＿に書きましょう。

① My mother (listen) to music every night.　＿＿＿＿＿＿＿＿＿＿

② I have a brother. He (live) in Canada now.　＿＿＿＿＿＿＿＿＿＿

③ Look at the woman. She (have) a cute dog.　＿＿＿＿＿＿＿＿＿＿

④ (Do) Kumi like skiing?　＿＿＿＿＿＿＿＿＿＿

⑤ Kenji (do) not eat raw fish.　＿＿＿＿＿＿＿＿＿＿

付録ワークシート 4

現在進行形

Class （　　） Number （　　） Name （　　　　　　　）

現在進行形とは？

● 「be 動詞＋動詞 ing」の形を用いて，次の３つの意味がある。

①まさに今，行っていること　　例）I'm cooking now.

②最近，行っていること　　　　例）I'm reading a book of Soseki.

③未来の決まっている予定　　　例）I'm leaving Japan tomorrow.

ing のつけ方

①そのままつける。

例）listen → （　　　　　　　　）

②「e」で終わる語は，e をとって，ing をつける。

例）come → （　　　　　　　）　　make → （　　　　　　　　）

③「短母音＋子音」で終わる語は，子音を重ねて，ing をつける。

例）cut → （　　　　　　）　　swim → （　　　　　　）

④「ie」で終わる語は，ie を y に変えて，ing をつける。

例）lie（横たわる）→ （　　　　　　　）

問題 1　次の動詞の ing 形を_____に書きましょう。

① play（遊ぶ）_____　② go（行く）_____

③ take（取る）_____　④ begin（始める）_____

⑤ stop（止まる）_____　⑥ tie（結ぶ）_____

問題 2　（　　　）内の語を適切な形にして，_____に書きましょう。

① Are you (study) Japanese?　　　_____

② What are you (do) now?　　　_____

③ Kenta and Miki are (run) in the ground.　_____

④ My father is (drive) a big car.　　_____

付録ワークシート 5

過去形（規則動詞）

Class（　　）Number（　　）Name（　　　　　　　　）

過去形とは？

●過去のことを言うときには，動詞を過去形にする。

●過去形には，動詞に ed をつける規則動詞と，形の変わる不規則動詞がある。

| ed のつけ方 |

①そのままつける。

　例）look →（　　　　　　　）　　visit →（　　　　　　　）

②「子音＋y」で終わる語は，y を i に変えて，ed をつける。

　例）study →（　　　　　　　）　　carry →（　　　　　　　）

③「e」で終わる語は，d をつけるだけ。

　例）close →（　　　　　　　）　　reduce →（　　　　　　　）

④「短母音＋子音」で終わる語は，子音を重ねて，ed をつける。

　例）drop →（　　　　　　　）　　plan →（　　　　　　　）

問題 1　次の動詞の過去形を＿＿＿に書きましょう。

① clean（掃除する）＿＿＿＿＿＿　　② wash（洗う）　　＿＿＿＿＿＿

③ cry（泣く）　　＿＿＿＿＿＿　　④ live（住んでいる）＿＿＿＿＿＿

⑤ hop（飛び跳ねる）＿＿＿＿＿＿　　⑥ ignore（無視する）＿＿＿＿＿＿

問題 2　（　　　　）内の語を適切な形にして，＿＿＿に書きましょう。

① I（learn）English from Mike for three years.　＿＿＿＿＿＿＿

② My brother（stay）in Okinawa for a week.　＿＿＿＿＿＿＿

③ Hiro and I（enjoy）camping this summer.　＿＿＿＿＿＿＿

④ My father（save）money for his dream.　＿＿＿＿＿＿＿

⑤ Kenji（stop）drinking the water.　＿＿＿＿＿＿＿

不規則動詞の過去形とは？
●不規則動詞の過去形は，形が変わるので，覚えなくてはいけない。

①行く　　　go →　＿＿＿＿＿＿　　②来る　　　come →　＿＿＿＿＿＿

③食べる　　eat →　＿＿＿＿＿＿　　④飲む　　　drink →　＿＿＿＿＿＿

⑤走る　　　run →　＿＿＿＿＿＿　　⑥泳ぐ　　　swim →　＿＿＿＿＿＿

⑦読む　　　read →　＿＿＿＿＿＿　　⑧書く　　　write →　＿＿＿＿＿＿

⑨見る　　　see →　＿＿＿＿＿＿　　⑩見せる　　show →　＿＿＿＿＿＿

⑪買う　　　buy →　＿＿＿＿＿＿　　⑫売る　　　sell →　＿＿＿＿＿＿

⑬話す　　　speak →　＿＿＿＿＿＿　　⑭聞こえる　hear →　＿＿＿＿＿＿

⑮作る　　　make →　＿＿＿＿＿＿　　⑯壊す　　　break →　＿＿＿＿＿＿

⑰持っている have →　＿＿＿＿＿＿　　⑱与える　　give →　＿＿＿＿＿＿

⑲勝つ　　　win →　＿＿＿＿＿＿　　⑳負ける　　lose →　＿＿＿＿＿＿

㉑持ってくる bring →　＿＿＿＿＿＿　　㉒持っていく take →　＿＿＿＿＿＿

㉓建てる　　build →　＿＿＿＿＿＿　　㉔する　　　do →　＿＿＿＿＿＿

㉕眠る　　　sleep →　＿＿＿＿＿＿　　㉖見つける　find →　＿＿＿＿＿＿

㉗理解する　understand →＿＿＿＿＿＿　　㉘教える　　teach →　＿＿＿＿＿＿

㉙考える　　think →　＿＿＿＿＿＿　　㉚言う　　　say →　＿＿＿＿＿＿

㉛送る　　　send →　＿＿＿＿＿＿　　㉜知っている know →　＿＿＿＿＿＿

㉝忘れる　　forget →　＿＿＿＿＿＿　　㉞描く　　　draw →　＿＿＿＿＿＿

㉟伝える　　tell →　＿＿＿＿＿＿　　㊱歌う　　　sing →　＿＿＿＿＿＿

㊲始める　　begin →　＿＿＿＿＿＿　　㊳飛ぶ　　　fly →　＿＿＿＿＿＿

㊴成長する　grow →　＿＿＿＿＿＿　　㊵運転する　drive →　＿＿＿＿＿＿

㊶座る　　　sit →　＿＿＿＿＿＿　　㊷立つ　　　stand →　＿＿＿＿＿＿

㊸～させる　let →　＿＿＿＿＿＿　　㊹閉じる　　shut →　＿＿＿＿＿＿

㊺置く　　　put →　＿＿＿＿＿＿　　㊻切る　　　cut →　＿＿＿＿＿＿

付録ワークシート 6

比較級・最上級

Class (　　) Number (　　) Name (　　　　　　　)

比較級・最上級とは？

● 2つを比べて比較するときに，er をつけて表現する。

Kenta is tall<u>er</u> than Makoto.

● 3つ以上を比べて比較するときに，est をつけて表現する。

Masami runs the fast<u>est</u> in my school.

| er, est のつけ方 |

①そのままつける。 例）cold → (　　　　　　) (　　　　　　)

②「子音＋y」で終わる語は，y を i に変えて，er, est をつける。

　例）happy → (　　　　　　) (　　　　　　)

③「e」で終わる語は，r, st をつけるだけ。

　例）cute → (　　　　　　) (　　　　　　)

④「短母音＋子音」で終わる語は，子音を重ねて，er, est をつける。

　例）big → (　　　　　　) (　　　　　　)

| 形の変わる比較級・最上級 |

　・good 　　　→ (　　　　　　) (　　　　　　)

　・well 　　　→ (　　　　　　) (　　　　　　)

　・bad 　　　→ (　　　　　　) (　　　　　　)

　・little 　　　→ (　　　　　　) (　　　　　　)

　・many/much → (　　　　　　) (　　　　　　)

　・far 　　　→ (　　　　　　) (　　　　　　)

| 長い単語の比較級・最上級 |

● 長い単語の場合，単語の前に，more や most をつける。

例）This comic is <u>more popular</u> than that one.

　　Math is the <u>most difficult</u> of all the subjects.

問題1　次の単語の比較級，最上級を＿＿＿＿に書きましょう。

① small（小さい）　＿＿＿＿＿＿＿＿＿＿＿＿　＿＿＿＿＿＿＿＿＿＿＿＿

② pretty（かわいい）　＿＿＿＿＿＿＿＿＿＿　＿＿＿＿＿＿＿＿＿＿＿＿

③ dirty（汚い）　＿＿＿＿＿＿＿＿＿＿＿＿　＿＿＿＿＿＿＿＿＿＿＿＿

④ large（大きい）　＿＿＿＿＿＿＿＿＿＿＿　＿＿＿＿＿＿＿＿＿＿＿＿

⑤ hot（暑い）　＿＿＿＿＿＿＿＿＿＿＿＿　＿＿＿＿＿＿＿＿＿＿＿＿

⑥ famous（有名な）　＿＿＿＿＿＿＿＿＿＿＿　＿＿＿＿＿＿＿＿＿＿＿＿

⑦ fun（楽しい）　＿＿＿＿＿＿＿＿＿＿＿

　　＊fun は長くない単語だけど…

⑧ interesting（面白い）＿＿＿＿＿＿＿＿＿＿＿＿　＿＿＿＿＿＿＿＿＿＿＿＿

⑨ important（大切な）＿＿＿＿＿＿＿＿＿＿＿＿　＿＿＿＿＿＿＿＿＿＿＿＿

⑩ useful（役に立つ）　＿＿＿＿＿＿＿＿＿＿＿＿　＿＿＿＿＿＿＿＿＿＿＿＿

問題2　（　　　　）内の語を適切な形に変えたり，語を加えたりし，意味の通る
　　　　文になるよう＿＿＿＿に書きましょう。

① My car is (new) than your car.　＿＿＿＿＿＿＿＿＿＿＿

② This watch is (cheap) than my watch.　＿＿＿＿＿＿＿＿＿＿＿

③ Korea is (easy) than English.　＿＿＿＿＿＿＿＿＿＿＿

④ My mother is (busy) than my father.　＿＿＿＿＿＿＿＿＿＿＿

⑤ Kenji sings song (well) than me.　＿＿＿＿＿＿＿＿＿＿＿

⑥ This bag is the (heavy) of all.　＿＿＿＿＿＿＿＿＿＿＿

⑦ I get up the (early) in my family.　＿＿＿＿＿＿＿＿＿＿＿

⑧ Soccer is the (fun) sport for me.　＿＿＿＿＿＿＿＿＿＿＿

⑨ Ken has (many) comic books than I.　＿＿＿＿＿＿＿＿＿＿＿

⑩ This was the (bad) score for me.　＿＿＿＿＿＿＿＿＿＿＿

付録ワークシート 7

不規則動詞の変化表

Class (　　) Number (　　) Name (　　　　　　　)

●受け身や現在完了形では，過去分詞を用いる。

例) This book <u>was written</u> by Soseki Natsume.

　　　　be 動詞 + 過去分詞

　 I <u>have seen</u> Mt. Fuji many times.

　 have+ 過去分詞

ＡＡＡ型（３つとも発音と形が同じ）

	日本語	原形	過去形	過去分詞
①	切る	cut		
②	打つ	hit		
③	～させる	let		
④	置く	put		
⑤	傷つける	hurt		
⑥	閉じる	shut		
⑦	費用がかかる	cost		

ＡＢＡ型（原形と過去分詞の発音と形が同じで，過去形が違う）

	日本語	原形	過去形	過去分詞
①	来る	come		
②	走る	run		
③	～になる	become		

ＡＢＣ型（３つとも発音と形が違う）

	日本語	原形	過去形	過去分詞
①	見る	see		
②	行く	go		
③	食べる	eat		
④	飲む	drink		
⑤	話す	speak		
⑥	書く	write		
⑦	与える	give		
⑧	知っている	know		
⑨	泳ぐ	swim		
⑩	壊す	break		
⑪	始める	begin		
⑫	取る	take		
⑬	目が覚める	wake		
⑭	運転する	drive		
⑮	投げる	throw		
⑯	成長する	grow		
⑰	（絵を）描く	draw		
⑱	〜である	is / am / are		
⑲	飛ぶ	fly		
⑳	落ちる	fall		
㉑	歌う	sing		
㉒	見せる	show		
㉓	乗る	ride		
㉔	身に着ける	wear		
㉕	する	do		

142

	日本語	原形	過去形	過去分詞
①	持っている	have		
②	言う	say		
③	作る	make		
④	聞く	hear		
⑤	得る	get		
⑥	捕まえる	catch		
⑦	会う	meet		
⑧	買う	buy		
⑨	売る	sell		
⑩	教える	teach		
⑪	言う・伝える	tell		
⑫	考える	think		
⑬	勝つ	win		
⑭	負ける・なくす	lose		
⑮	持つ・開催する	hold		
⑯	貸す	lend		
⑰	送る	send		
⑱	過ごす	spend		
⑲	立つ	stand		
⑳	理解する	understand		
㉑	眠る	sleep		
㉒	支払う	pay		
㉓	出発する・去る	leave		
㉔	持ってくる	bring		
㉕	読む	read		

ＡＢＢ型（過去形と過去分詞の発音と形が同じ）

付録ワークシートの解答 1〜7

p.130 1

問題 1 ① balls ② babies ③ foxes
④ classes ⑤ wolves

問題 2 ① children ② teeth ③ mice
④ women ⑤○

問題 3 ① kangaroos ② boys
③ keys ④ watches ⑤ tomatoes

p.132 2

問題 1 ① A ② B ③ B ④ A ⑤ B
⑥ B ⑦ B ⑧ B ⑨ B ⑩ B

問題 2 ① slices ② pieces ③ cups
④ pieces ⑤ glass ⑥ some〔some
pieces of〕⑦ pieces

p.134 3

問題 1 ① eats ② drinks ③ tries
④ finishes ⑤ watches ⑥ mixes
⑦ makes ⑧ misses

問題 2 ① listens ② lives ③ has
④ Does ⑤ does

p.135 4

問題 1 ① playing ② going
③ taking ④ beginning ⑤ stopping
⑥ tying

問題 2 ① studying ② doing
③ running ④ driving

p.136 5

問題 1 ① cleaned ② washed
③ cried ④ lived ⑤ hopped ⑥ ignored

問題 2 ① learned ② stayed
③ enjoyed ④ saved ⑤ stopped

p.138 6

問題 1 ① smaller / smallest
② prettier / prettiest
③ dirtier / dirtiest
④ larger / largest
⑤ hotter / hottest
⑥ more famous / most famous
⑦ more fun / most fun
⑧ more interesting / most interesting
⑨ more important / most important
⑩ more useful / most useful

問題 2 ① newer ② cheaper
③ easier ④ busier ⑤ better
⑥ heaviest ⑦ earliest ⑧ most fun
⑨ more ⑩ worst

p.140 7　省略

【著者紹介】

瀧沢　広人（たきざわ　ひろと）

1966年東京都東大和市に生まれる。埼玉大学教育学部小学校教員養成課程卒業後，埼玉県公立中学校，ベトナム日本人学校，公立小学校，教育委員会，中学校の教頭職を経て，現在，岐阜大学教育学部准教授として小・中学校の英語教育研究を行う。主な著書は，『板書＆展開例でよくわかる　英文法アクティビティでつくる365日の全授業　中学校外国語（３分冊）』(2023)，『中学校英語　指導スキル大全』(2022)，『目指せ！英語授業の達人40　絶対成功する！新３観点の英語テストづくり＆学習評価アイデアブック』(2021)，『同39　絶対成功する！中学校新英文法指導アイデアブック』(2021)，『同30・31・32　絶対成功する！英文法指導アイデアブック　中学１年～３年』(2015)，『中学校英語サポートBOOKS　話せる！書ける！英語言語活動アイデア＆ワーク66』(共著・2023)『同　苦手な子も読める！書ける！使える！中学校の英単語「超」指導法』(2021)，『授業をグーンと楽しくする英語教材シリーズ37　授業を100倍面白くする！中学校英文法パズル＆クイズ』(2014)，『同29　CanDoで英語力がめきめきアップ！　中学生のためのすらすら英文法』(2014)，『同27　文法別で入試力をぐんぐん鍛える！　中学生のための英作文ワーク』(2013)（以上，明治図書）他多数。

中学校英語「知識＆技能」の教え方ガイド
＆ワーク　３年
音声・語彙・文法の指導と評価のすべてがわかる！

2024年３月初版第１刷刊　©著　者　瀧　沢　広　人
発行者　藤　原　光　政
発行所　明治図書出版株式会社
http://www.meijitosho.co.jp
(企画)木山麻衣子(校正)有海有理
〒114-0023　東京都北区滝野川7-46-1
振替00160-5-151318　電話03(5907)6702
ご注文窓口　電話03(5907)6668

＊検印省略　　　組版所　日本ハイコム株式会社

Printed in Japan　　　ISBN978-4-18-256322-5
もれなくクーポンがもらえる！読者アンケートはこちらから